作品之城

和合人间文化园

和合公园

天台山和合人间博物馆

内和外合

陈远明 著

本书为台州学院台州山海文化传统及其当代价值研究创新团队研究成果

浙江工商大学出版社

图书在版编目(CIP)数据

内和外合 / 陈远明著. —杭州 : 浙江工商大学出版社，2017.1

ISBN 978-7-5178-1907-3

Ⅰ. ①内… Ⅱ. ①陈… Ⅲ. ①文物保护—研究—中国 Ⅳ. ①K87

中国版本图书馆 CIP 数据核字(2016)第 273294 号

内和外合

陈远明 著

责任编辑 沈 娴
封面设计 叶泽雯
责任印制 包建辉
责任校对 何小玲
出版发行 浙江工商大学出版社
(杭州市教工路 198 号 邮政编码 310012)
(E-mail：zjgsupress@163.com)
(网址：http://www.zjgsupress.com)
电话：0571－88904980,88831806(传真)
排 版 杭州朝曦图文设计有限公司
印 刷 浙江云广印业股份有限公司
开 本 710mm×1000mm 1/16
印 张 19.5
字 数 302 千
版 印 次 2017 年 1 月第 1 版 2017 年 1 月第 1 次印刷
书 号 ISBN 978-7-5178-1907-3
定 价 48.00 元

目 录

绪 论

第一辑 学习之乐

第二辑 工作之趣

第三辑　生活之美

文化保护的最高形式是实现大众化

文化是人化和化人不断互动的过程。

一种文化，如果仅仅保存在图书馆里，或者存活在学者的书斋里，那么，这种文化实际上已经死亡，因为文化的本质和价值在于化人。

文化保护的最高形式是实现生活化、大众化、艺术化。文化只有走进大众，走进百姓生活，才能被百姓所接受；也只有被百姓所接受，才能在改变人们的思维方式和行为习惯上有所作为，才能不断激活文化的因子，使之不断传承和创新。这样的保护不仅使文化的价值得以发挥，而且使文化本身得到传承。

“和”是中华传统文化的核心内容，是社会发展的基本规律，也表达了人们对美好生活的无限向往，更是历代统治者所追求的目标。

自清代雍正帝敕封寒山、拾得为“和合二圣”，天台山便成为中华和合文化的重要发祥地。

人是文化的中心，也是文化的目的。

近几年来，天台不断挖掘和合文化的内涵，通过举办各种形式的活动，扩大和合文化的影响力。同时在客运中心醒目位置设立和合二仙的大型雕塑，向世人展示一个和谐、包容、开放、大气的天台。沈中明让儿子沈盛钢面向全球收集和合文化史料，建立和合人间文化园，现已建成和合人间博物馆、和合婚俗博物馆、“一根藤”艺术馆。园区核心价值是家庭和合、社会和合、民族和合、国家和合、世界和合。文化园区以实物的形式向人们展示和合文化的内涵和意义，使前来参观者不仅受到教育和启发，而且自发成为宣传者、践行者。更为重要的是，文化园的持续发展，使和合文化不断物化，因为文化的传承需要实物的载体。非器则道无所寓。

可以说，一个学和合、运和合、创和合的文化传承新模式正在天台形成。

凡是有人的地方就有矛盾。矛盾是永远存在的，即使两个人世界观再接近，也只会相似，不会相同。也正因为如此，和合文化是无处不在的。如果运用得好，就会起到事半功倍、润物无声的作用。

将和合文化运用于国家，则可协和万邦，开创盛世太平。国虽大，好战必亡。运用于文化建设，则可百花满园，创新不断。运用于工作，则可人我和谐，效率倍增。运用于生活，则可家和业旺。运用于学习，则可融会贯通，境界大开。

总之，无论是工作、生活还是学习，无论是个人、家庭还是国家，都离不开和合文化的运用。运之家则家和，运之国则国旺。因为许多事情，以恶是治不了恶的，有时只有德才能化解怨。

和与合是有因果关系的。一个人只有内心平和了，才能达到与周围的合。和是因，合是果。如果内心不和，就不可能有真正意义上的合作。那只是孔子说的“小人同而不和”，是表面的为利而和，不可能有大和。

所以内有不和之因，外结不和之果。内和乃求外顺。一个人如果没有平和的心态，那就不会看到美的世界，因为世界是人心的倒影。你怎样，看到的世界就是怎样。

有人的地方就有相处的艺术。

本书就是我在安静的状态下，在心境平和的状态下对生活、工作、学习的思考，也是对和合文化的一种运用、一种活化、一种保护。虽然不是每篇都提到和合文化，但是把和合文化的因子作为一种思维的方式渗透到每个角落，作为一种潜意识的思维方式贯穿思考的始终。

就好像我们需要空气，但是我们一直感觉不到空气的存在一样，我们感觉不到和合，但是和合无处不在，在我们的血液中、骨髓中、思维中，这是真正的内化于心。

正因为有了和合的思维，所以看到的世界无处不美，遇到的工作也是历事练心，即使最苦最累的创卫工作，也是收获满满。也正因为有了和合文化，所以做到心能转境无处不自在，而不是心被境转而无处自在，所以看到的山是美的、水是美的、人生是美的。世界处处皆美境——这是一种大美。

这是对和合文化生活化、大众化、艺术化保护的实践，也是向社会传递一种满满的正能量，希望有缘者能从中得到启发。

和合文化大众文化就是仁和为人，合作做事。

2016 年 5 月

天台山“美”在哪里

天台山到底美在哪里？不同角度、不同经历、不同眼光的人有完全不同的答案。

有人说天台山的美是一流的，可与黄山、张家界等媲美，有古诗为证；也有人说天台山的美其实不在风景，而在传统文化，因为只有文化的美才是沁人心脾、渗入骨髓的。足以让人流连忘返的，才是真正的美。

美，是个复杂的综合体，反映着人类的价值观。对她的发现，全在于对她的理解程度。小时候认为苦难的、简直难以承受的事情，现在回忆起来，也许是很美好的。因为在人们心中，凡是失去了的、只能回忆的、遥远的，都是美好的。比如一个人在三茅溪东岸散步时，觉得西岸的风景很美好，但到了西岸，又感觉还是东岸的草房子富有诗意。

对于一个生活在都市里的人而言，或许李绅笔下农民“汗滴禾下土”的生活也是值得憧憬的，但是在烈日下耕种的农民更关心粮食的丰收，根本感觉不到美。

但是另一方面，不管以何种形式、何种眼光来看，只要感觉是美的，就肯定是和谐的，至少在自己内心里是这样认为的。所以，从大的方面来说，美就是和谐。

这种特点说明美是发散性的、多维的，但万变不离其宗，形式多样，但其本质不变，那就是和谐。

天台山客观上就具备这种美，和谐的美。这种美，美得大气，美得自然，美得悠久。这是闪耀着人性光辉的富有活力的美，能跨越时空，形成千年的积淀，喷发出火山般力量的美，以势不可当之势直通人性的美。

曾经因为某些原因，我在一个暑假两次到达普陀。面对拥挤的人群，我当时想，他们到底是来干什么的？仔细分析，不外乎三种。为热闹而来，就是为了证明自己到过普陀，到过观世音菩萨的道场，其实可能连观世音的像都没看到；为信仰而来，这一部分人就是来完成心灵的一个寄托，表达内心的一种愿望，安放自己的灵魂；当然，还有一部分人是抱着学习佛教文化的目的而来，这其实只占很少一部分。

细细分来，到天台山的人，也是如此，也分这三类。但是，天台山人气为啥没有普陀那么旺？根本原因是天台山缺乏一个主题，一个与人心心相惜的主题，一个一下子吸引住人的主题。像普陀山有慈德的主题，五台山有智德的主题，峨眉山有行德的主题，九华山有愿德的主题。

天台山缺少的正是这个主题。

我们天台山的主题定位应该是和。相比慈、智、行、愿，和的主题更加简单、明了、突出，并且不同时代都有其内涵、需求和张力。

和，是万物的特征，也是我们中华民族的基本精神。世间万物各得其和以生。这也是时代呼唤的一种正能量。当今全球化时代，需要全球化的理念。这个理念，不是斗，而是和。从和谐世界理论，到习近平总书记“天人合一”的宇宙观、“协和万邦”的国际观、“和而不同”的社会观、“人心和善”的道德观，重点都在一个“和”字。

儒家讲，和谐世界，以礼相待。佛家讲，和谐世界，从心开始。道家讲，和谐世界，以道相通。三者在天台山都有着极深的渊源，如同经典历经万世而常新。天台宗中兴之祖九祖湛然提出无情有性论，提出佛性无处不在，自然万物皆有佛性，都能成佛。因为扩大了成佛的对象，所以一度中兴。后来这个理论发展成天台山佛教“依境立观、万物有性”的本体论；主张人与自然“缘起共生，依正不二”，讲的就是人与自然的和谐。天台山道教文化中的“天人合一、天人同构”的宇宙论，追求的是天人合一，人与自然的和谐。

天台山佛教文化“三谛圆融、治生即道”的入世论、“慈悲做人，智慧做事”的处世论，讲究的就是人与人如何做到和谐相处。天台山道教文化中的

“身国同理、三教合(和)一”治国论,强调的是个人与国家的和谐统一。天台山儒家文化“士农工商、四民皆本”的治世论,一反以前重农抑商的传统,主张四者不分主次,和谐共生,强调的就是人与社会的和谐共生。

天台山佛教文化“性具善恶、超凡入圣”“法不孤起、仗境方生”的佛性论,天台山和合二圣“安身乐道、自我湛然”的心性论,强调的是人内心和谐的最高境界“是心作佛,心即是佛”。天台山道教文化“形神合一,性命双修”的道性论,提倡人的形与神的一体,心性与生命共修,达到内心的和谐。无论是道性论、佛性论,还是心性论,其实质都是“以人为本”的人性论,主要探究人的自我和合,旨在追求人的内心的和谐。(论点主要参考赵平安《天台山:“和合文化”的重要渊源》一文。)

当今世界在快速发展的同时,也存在人与自然、人与人关系的高度紧张的问题。这种紧张,引起了人们普遍的焦虑,首先是社会失范的焦虑,表现为诚信的缺失、心理的失衡。其次是文明冲突的焦虑,表现为不同民族、国家、宗教之间的冲突。这种焦虑、这种冲突、这种缺失都需要文化的理念加以内化。因为文化是民族的根,外化为信仰,表现为精神。一个缺少文化、缺失信仰的国家和地区,即使一时发展很快,也是缺乏后劲的、蹩脚的、不美的。

天台山的美,美在儒释道三教、天地人三才、日月星三光的完美和谐。这是合乎自然的美,是不着痕迹的美,是直通心灵的美,是见过一面便足以让人回味一生的美,也是富含生命力的美。这种既古老又现代,既高尚又平凡,既出世又入世的美,不是简单的文化熏陶形成的,而是“和羹之美,在于合异”,然后形成人生的“上下之益,在能相济”之糅合美的文化。她的美在于能美美与共,在于儒释道各家文化的和谐相处,在于能入乎其内、出乎其外的化,在于文化与时代的辐射与对接。这样的美是富有灵性的,足以让我们在生活的任何一个点上激发生命的活力、人生的希望,从而创造大和,达到大美。

对美的追求是人类普遍的追求。天台山这种既具古典,又富含现代气息的美,更是社会不可或缺的,众里寻她千百度的美,是一种大美,是具有独特性、具有开发潜力的经典美。在当今社会,文化是大产业,天台山的这种美需要花大力气加以挖掘弘扬，这是时代的主旋律。一个地区的崛起，需要思想的转变、制度的改变，然后才是器物的改变。如果思想没有改变，就永远不可能有大的跨越。这就是天台山美的价值。一个内心有美的人，不用向外寻找春天，因为处处是春天，时时是春天。

这就是天台山的美丽所在，也是天台山的魅力所在，更是天台山发展的潜力和希望所在。

美是一种生产力。大美天台，大和人间。让和风从美丽的天台山吹遍全球，温暖每一颗冰冷的心，从此世间不再有孤独和纷争。

2014 年 6 月

天台山“和”在哪里

2014 年 2 月，天台县政协九届三次全会上，我做了《发挥宗教文化优势，建设富裕和谐天台》的发言。发言结束后，会场上有人说以后不叫我陈远明了，叫我“和远明”。会议结束后，我即回椒江，断断续续有参会的同志打电话给我，说我讲得实在，希望能就天台山“和”的问题做个交流，可见人们对文化的关注。

2014 年 7 月，我写了一篇《天台山美在哪里》的文章，以“尺邑”的名字发表在《天台报》。后来天台县委宣传部丁必裕部长认为这篇文章写出了天台精神，就放在“神秀天台”上发了，结果引起巨大反响。让我最有感触的是，有一名同志根据文中提到的天台山“和”的主题，询问我能否写一篇关于天台山“和德”的文章，升华一下天台精神。

2015 年“两会”，政协文化组讨论期间，我当时提出天台山文化面临三大割裂的分离，亟须搭建三大平台，打造和德天台，初步提出天台山“和”的三大内容。

5 月份的天台山文化当代价值研讨会上，与会专家学者就天台山文化的当代价值展开讨论，其中提到最多的是和合文化如何服务于国家战略。

研讨会结束后，我仍在思考。一种文化要推广，首先需要上级的重视，其次需要内部的努力。只有啐啄，才能有新突破。宗教的传播几乎都是如此。我国的道教等都曾传入印度，印度婆罗门教也曾传入中国，但都没有在异地扎根，穷其根本原因，都是缺乏融会贯通。

而内部的努力，首先就要对“和”的文化做一个适合于时代的解读，这是基础性工作。

于是我开始思考天台山的“和”在哪里，如何发挥其当代价值。

天台山的“和”包含三个“合一”，即“天人合一”“知行合一”“情景合一”。当然这只是抛砖之举，旨在引出更多的宝玉，以推动台州的发展。

“天人合一”追求的是人与自然的和谐，就是人与大自然要和平共处，不要讲征服与被征服。天人合一是中华传统文化的主体，是历代儒、释、道三家所追求的最高境界。

天台县的名称由来本就包含着天人合一的契机。台州、天台得名同出一源——天台山，而天台山起名源于“上应台宿，故名天台”，故有“台州、天台之名天上来”之说，这是对天台山文化“天人合一”的原始而有力的注解。

将天台县的“天”字拆开来注解，天由“一”“人”“一”三部分组成，代表一个人与万事万物处于一种平等状态。如果一个人能达到这个境界，实际上已经得道。“天人之际，合而为一”，这是和的至境，如同春、夏、秋、冬四季有序。全国县级行政单位中，名字中带有“天”字的也不多见，实际上都是意味着对天的敬畏，天人的和合。

20世纪80年代，国家旅游局组织专家对天台县的山山水水进行全面考察后，得出“山水神秀”这个结论。这个称号就包含着人与自然的和谐。因为没有和谐的人与自然的关系，就不可能有神秀的山水。

一个人只有“知行合一”，才能不断激发内部灵性，达到与社会的高度和谐统一，也就是人与社会的和谐。天台山和文化的知行合一表现在创宗立派上。科技上的创新是对前人的否定，但是文化上的创新恰恰相反，是通过对前人经典的不同诠释、注解实现创新的。

天台宗的创始人智者大师不仅将中印两种不同的佛教思想学说加以融通，而且融会儒、释、道，汲取精华。比如将儒之“五经”、道之“五行”，比之为佛教“五戒”，进行融摄，从而创造了第一个中国化的佛教宗派——天台宗。道教南宗创始人张伯端则出儒入道，推崇以内丹为中心的三教归一论，继则出道入禅，吸收佛禅教理，以“诸佛妙用，广其神通”，开创道教紫阳仙派，创造了道教南宗。宋代理学集大成者朱熹，曾两次主事桐柏宫，既融集天台宗之佛学，又融摄道教南宗的“内丹学”，形成了朱熹的新儒学，标志着儒学发展到一个新阶段。（该论点主要参考了周琦《天台山和合文化概述》一文。）

可以说，没有知行合一的精神，就没有天台宗，也没有道教南宗和朱熹的新儒学。

这是天台山“和”文化在知行合一方面的表现。因为如果没有知行合一的内化，只能是因循守旧，不可能创宗立派。能达到三宗同创，绝非偶然，归根到底还是文化的作用。

“情景合一”是讲内修，个人做事如果情与境能相容，就能达到“于事无心”的境界——人在做事，但不为事所局限，而要达到这个境界首先要有一个和谐的内我。只有如此，才能不断激活文化的基因。天台山儒、释、道修持者主张兼收圆融，相互研学，取别人之长，丰富自己。因此，天台山出了很多精通儒、释、道且倡导“和合”的高僧、名道、大儒。如南朝儒官、儒师兼道教学者顾欢提出“道即佛也，佛即道也”的道释同源论。又如曾在天台山修炼多年的一代道教宗师陶弘景，首倡“三教合一”，大力提倡“佛道双修”，立“佛道二堂，隔日朝礼”。再如唐代高道司马承祯，隐居天台山30余年，提倡“佛道双修”“神仙即人”的道学主旨理论，熔儒、释、道于一炉。

因为能做到三个“合一”，所以天台山能如此之“和”。也因为天台山能“和”，所以能创造出三个“合一”，成为中华传统文化的典范。这是文化的人化与化人的合一，也是当代社会需要的一种“和”。因此，对“和”文化进行挖掘，也是提升当代价值的一个重要部分。

这是对天台山“和”的初步感想。天人合一、知行合一、情景合一，不单是一种意境，更是一种文化的至高无上的境界。

和是自然的规律，是中国文化的基本精神，也是每个时代执政者所追求的最高目标。我们天台山的“和”不论在哪个时代都具有鲜活的时代意义，所以，对其进行解读和剖析非常有必要。

2015年5月27日

第一辑　学习之乐

万物皆可为师

学习而不思考等于吃饭却不消化

任何人停止学习就意味着衰老

学习可以打开我们的眼界，使我们迅速抓住问题的本质，提升做人的格局

读书是最佳美容法

人之美分为自然之美、粉饰之美、养成之美三大类。其中自然之美只是自然的一个过程，如小孩子的可爱，随着年龄的增长，必将消失。粉饰之美是一种外在的美，是缺乏内涵的表面的美。而养成之美，是通过读书，改变人的学识、气质，使人在举手投足之间显示出无处不在的美。这种美越看越美，是真正的大美。

如何才能养成这种大美？唯有通过读书。孔子有一个学生，名叫闵子骞，原来形容枯槁，跟孔子学习了半年以后，大为变样，面色红润，精神焕发。人问其故，答曰："以前不明事理，老是胡思乱想，气郁结于心，自然面色难看。跟从先生后，很多事情都想开了，想通了，气也就顺了，所以人也精神了许多。"这就是所谓心正气顺，心开脉解。

这种养成之美，是化妆品永远也粉饰不出的。那种由内而外的从容淡定、不慌不忙、气定神闲的气质美，是人生的大美。

人到一定的年龄，其他两种美会逐渐失去，外显的多为所读过的书、所思考的问题内化出的精神长相。所谓凡有所学，皆有所相。

这种美在心，不在身，而心者是貌之根，所以这种养成的美是根本的美。而读书对心的影响表现在三方面：

一、读书可使人的心变大。

人的最大差别在心不在身。通俗地说，读书就是培养人的眼力。拥有过去、现在和未来的人才叫读书人。任何个人的事，如果放到无限的空间去观察，都是小事。我们遇到事情，如果一味纠结于事，低头找路，就永远也找不到真正的路。只有看到更为广阔的空间，才能找到方向，也才能看透、看开、看淡。正所谓世事看透心了然。

二、读书可使人的心变善。

善代表每个时代的正能量。每个时代都需要真、善、美。而大善之人和大恶之人都是少数，大多数都是普通人。通过学习，通过传统文化的教育，人的心会逐渐变善。而善能够改变一个人的命运。因为善，所以别人愿意与之交往，由此改变了人气，也就改变了人的命运。

三、读书可使人的心变强。

身体强重要，心灵强同样重要。一个人如果身体强健，而心理不健康，或者胆小如鼠，做事情前怕狼后怕虎，其实并不能算作一个健康的人。知识可使人变得无比强大，可以改变一个人的命运，也可以改变整个世界。从长远来看，利剑的力量不如思想的力量。思想的力量来自哪里？来自知识。而知识的一大来源就是读书。

一个内心广阔、向善、坚强的人是美丽的。也就是一个人如果用心读书，心态就会发生很大的变化，就不会把心放在某些是非小事和俗世利益的追求上，智慧自然会增长。

如何读书也是一门学问，每个人都有不同的见解。

第一，有选择地读。

面对铺天盖地的信息，我们应该有所选择，有重点地阅读。读经典，读名家的文章，读对心灵有启发、让人有感悟的文字，读表述人生意义的文章，读励志类的文章。如果不加选择，只会越读越糊涂，收不到效果。那些经典著作，之所以能千古流传，肯定有其原因。

第二，有思考地读。

读书还要思考。学而不思，等于不学。如果只读书却不思考，思想最终还是别人的，不会转化为自己的，也就无法充实自己。就好像吃饭没有消化，最终转化不成自己的营养，即所谓食而不化。只有经过自己的思考，才能做到食而能化，然后化而能食，使自己不断强大。

第三，重复地读。

许多书是弥读弥新的。其他之味，久则生厌；而读书之味，愈久愈浓。遇到好的书，我们是百读不厌的，并且每一次都有收获，即所谓好书不厌百回读。读书就是不断重复的过程。沉下心，潜进去，不断地学，即使天资再差，也总会有所收获。

第四，读书做笔记。

不动笔墨不读书。读书时，遇到有启发的、有共鸣的，记下来，然后多看看笔记。一边读一边想，时间久了，就会有意想不到的收获。不断读笔记，可以使很多知识都贯通起来。如果不通，那知识再多也是死的，也起不到以文化人的作用。

第五，读书要作文。

书活用可通神。很多时候，我们是不是读懂了一本书，是通过写作来考验的。如果真正读懂了一本书，我们就能用自己的语言表达出来。如果没有读懂，或者一知半解，就很难将书的意思顺畅地表达出来。

2016 年 5 月 10 日

好书不厌百回读

晚上整理书橱，发现两本旧书，是读大学时买的。那时读书还没有现在这么专注，买得多看得少，大都是随性买的。从头至尾看完的书不多，能够看第二遍的几乎没有，更不用说像现在一样入魔。

说实在的，在我的人生经历中，真正把读书作为生命的一部分，作为日常生活不可或缺的一部分，一天不看书，一天没有在书中得到新的收获，人就不舒服，还是到天台县志办以后的事。以前读书，虽然也在读，但是在很大程度上，不是用心在读，所以学问长进也不大，因为心还不是很安静，不是很专一。

而到了县志办以后，我真正静下心来，可以安心地读书学习，日夜不停地读书学习，内心的熊熊大火不断燃烧，自认为在学问上，每天都有长进。而在台州市同创办这两年的生活，使我把学与修结合起来，境界有一个大的提升，内心也不断地强大。

经过几年的专心学习，我在读什么书和怎么读书这两个方面，都有了自己的方法和思考。如新发现的两本旧书，一本是南怀瑾的《亦新亦旧的一代》，还有一本是梁漱溟的《人心与人生》。两位老师都是学通古今的大学者。我读过他们的不少书，他们的思想在我心中留下了深刻的印象。如南怀瑾老师的“一无所长一无是处”“于事无心于心无事”的说法，《易经》中理象数的理论，什么情况下才是无心的理论，都对我的思想、我的人生产生了影响。梁漱溟的认识事物的三个阶段，即对物的认识、对人的认识、对自己的认识，使我对世界的认识上升到一个新的高度。

读书的感觉和干别的事情是不一样的。好书这东西总是越读越新的。好书不厌百回读。可以说,每一遍都有不同的感想。衣服穿旧了,要么送人,要么丢掉。食物放久了,那就腐烂了。美的事物也一样,看多了就看不出美来,除非用新的眼光看。但是读书不同,同一本书,如果能在心里引起共鸣,就会越读越愉快。

这两本书,我是以阅读通彻的方式来阅读的。读了以后,收获颇多。

从《亦新亦旧的一代》这本书中,我看到了世界的眼光,看到了文化的作用。书中讲到,政治是人对事的安排,经济是人对物的处理,两者的核心都在人。所以人的思想、人的文化,对政治、对经济都有决定性影响。如清朝,治国的三部书,《三国演义》《老子》《孝经》,这些都是我没有接触过的,因此都是新的知识。

《人心与人生》一书中讲到 ,人心必于人生求之。一切众生莫不有心。真正的主动,真正的被动,皆就用生命而且富有生命者言之。

这两本旧书,在重读之时,读出了新的滋味。

读书和别的生活事项不一样,可以说,每一次都是新的。主要有以下几个方面原因。

第一,人的表达能力的有限性。

世界很大,知识无穷。我们所能获取的知识,毕竟都是有限的。就如一本书,不是作者全部思想的表现,而只表达作者内心的一部分。所谓言有尽而意无穷,更多的思想,是留给读者发挥想象的空间。所以一本书,不同的读者能读出不同的感触,受到不同的教育。一部《三国演义》,有人说是历史书,有人说是军事书,有人说是政治书。不同的结论,因人而异。

文似看山不喜平。如果作者把自己的思想全部表现出来,让人一览无余,这样的文章其实是缺乏深意。好的作者,都能在书中留有回旋想象的空间,而不是把自己的思想全部表达出来。况且一个人即使想表达自己全部的思想,也是心有余而力不足的。因为人表达自己的思想,本来就有局限性。

第二,人的接受能力的局限性。

我们接受别人的思想，也是有很大局限性的。一个人在说话，我们即使全神贯注听，所接收到的信息也只是其中的一部分。这是人的接受能力的局限。思想的对接不同于别的事物的对接。一样东西我可以完完整整地交给你，你也可以完完整整接受。但是语言思想很难全部被接受，因为它无形无质，看不见摸不着，要经我们心灵的细化才能被我们接受。这个细化，又会受既定思想的干扰和自身知识水平所囿，所以其他人的思想不可能被自己全部接受。

第三，人的接受能力的阶段性。

人不同时期有不同的接受力。人的接受能力，是受自己的知识水平和结构所影响的。一个小学生，我们要他读政治类、经济类的专著，他就是再用功，所接收到的知识肯定也是有限的。这是因为知识结构、思想境界的局限。

少年读书，如隙中望月，理解的程度是很有限的。中年读书，就好像庭中望月，虽然看到了月亮，但是旁边还有遮挡，看到的世界还是有限。老年读书，就好像顶楼望月，整个世界一览无余。同一个月亮就好像同一本书，因为境界的不同、阅历的不同，不同年龄段的人对它的观感是不一样的。同一本书，现在读起来跟求学时读起来完全不一样。

旧书新读，读出了新境界，读出了新思想，也读出了新人生。

真正的好书是不厌百回读的。凡是能把一本好书读上一百遍的人肯定不简单。犹太人这么聪明，可能跟他们从小不断地读《圣经》有很大关系。

2015 年 8 月 30 日

改正不足也是开悟

在台州市多城同创办最后两个月，我主要做了两件事。一是把以前所写的文章整理成集，交由浙江工商大学出版社出版，将出版的图书作为对自己以往思想的回顾和总结。二是开始撰写学习心得，就是把佛教文化的思想运用到生活中，感悟人生。这主要是考虑到，学习佛教文化几年，我也有思考。笔记做多了，思考的也多了，有时候恰有一种迷雾的感觉。这时候我就想到了自己写，因为检验自己真正学懂多少，还是要通过写，用自己的语言文字表达出所学所得。所以，在创国卫后期，我坚持每天都写感想，写人生的感悟，直到现在。

由于平时一直在学习、在思考，刚开始写的时候，有很多题材，有很多的话要说，感悟不断。但是写了两个月以后，我就发现了问题。

第一，缺乏生活的题材。

一个问题，如果能加上一个生活的例子，这样的文章就有说服力。文化生活化，别人就容易接受。也就是把天边的事讲成身边的事。否则，永远只能说理论，总有一种空的感觉，文章也就感染不了人。这样的文章缺乏生活化，总给人一种沉闷的感觉，所以我想寻找生活的题材。

第二，缺乏对生活规律的把握。

许多时候，我总是对某个问题做些思考，然后以此为切入点来写文章。但是总感觉，缺乏一种对规律性的把握，对天地运行规律，以及人生社会规律的把握和运用。也就是说，缺乏思考的高度和深度，即缺乏一种大境界。

第三，缺乏对传统文化的掌握。

表现为，对一些经典似是而非、一知半解的解读，知道一些名句、金句，但是不能正确地把它们表达出来，更不能透彻理解，以通俗易懂的方式，讲述给别人听。总而言之，是缺乏理解。

以上就是我在人生感悟的写作中发现的致命弱点，也是自己知识结构的短板。如果没有这几个月对人生感悟进行总结，是根本发现不了这个问题的。

发现这个问题不可怕，我想经过努力，补上这些短板，就是进步。我们做事情不怕失败，没有发现问题所在才是真正的失败。当然，如果没有前面的积累，也就不可能有几个月的坚持，也就发现不了这些感悟，也就没有今天这些所谓的短板了，因为什么都不懂，无所谓短板不短板。

其实很多难事，我们只有把它们做到一定程度，才知道下一步该怎么走。没到这个程度，你想象得再多，也是多余的，是空的，因为这是没有基础的，因为因缘是随时变的。

由此，我想，接下来的时间里，主要读以下几本书，必须先把基础打好，把第一步走好。

其一，儒家的《论语》。

《论语》是我国春秋时期一部语录体散文集，主要记录孔子及其弟子的言行。它较为集中地反映了孔子的思想。通过对《论语》的阅读、思考，我对传统文化，对儒家的经典名句，有一个通盘的了解。赵普说“半部《论语》治天下”是有一定道理的。儒家说的就是一个“正”字；佛家说的是一个“大”字，是说心要大；而道家说的是一个“尊”字，是尊重规律。所以，学了佛家，更要学儒家经典。

其二，道家的《道德经》。

《道德经》是春秋时期老子所撰写的，是道家哲学思想的重要来源。道家讲的是规律，是自然运行的规律、社会运行的规律。把握规律，遵循规律，就是合乎道，只有这样，才能事半功倍，才能活得快乐和谐，才能得道。仔细阅读，感觉《道德经》虽然只有短短五千字，但确实博大精深，醍醐灌顶，让人眼界大开，所以我决定学习《道德经》，目的是让自己做事合乎道。

其三，基督教的《圣经》。

《圣经》不单单是一本宗教读物，其中更是融合着历史、文化、政治、经济等。它是西方文化的重要源泉，也是一部包罗万象的百科全书。它是世界上发行量最大，发行时间最长，翻译成的语言最多，流行最广而读者面最大，影响最深远的一部书。这部书对我影响最深的是里面的故事。通过简单的故事，把深刻的人生哲理讲述出来，就是生活的实例，就增加了可读性。

找到了一个新的学习方向，就比较容易打破瓶颈，提高自己。这几个月，我还是着手把感悟写好，完成自己的阶段性工作目标。同时，阅读思考这三类经典的不同版本，分别确定哪个版本最适合我阅读，明年开始集中攻读这三本经典。

近阶段有所得，心里就很开心。如果无所得，心里就很难过。这也是弘一法师的观点。

2015年7月31日

会读书，更要会消化

近几年来，我养成了读书做笔记的习惯，把对自己思路上有启发、思想上有共鸣、情感上有寄托的语句都记下来。几年下来，竟有好几本。

学习这件事，是不能中断的，这是一直以来养成的习惯。但是有时仔细一想，还是先停下几天，把以前的来一个大消化，或许效果会更好。虽然平时也是一遍一遍在翻读，但是集中几天专门消化，我还是很少尝试的。

人学习知识就如同吃饭。实际上只有极少时间在吃，大多数时间是在消化。一个胃不好的人，即使吃下很多的东西，也消化不了，无法转化为自己生存所需要的营养。我们要沉潜往复，就是不仅要沉下心，还要深入。如果不消化，永远也无法深入。

知识更是如此。一个人如果只读书而不思考消化，就永远无法把别人的东西变成自己的东西，自己的头脑也只能是别人思想的跑马场而已。知识是知识，无法运用，也就无法转化为力量。

所以，对于笔记本上的内容，我都是一遍一遍地读，一边看一边认真思考。这就是消化，或者说吸收营养的过程。在这读书、思考、运用的过程中，实现生命的释放与更新，从而实现生命能量的常新。

但是，记起来容易，消化起来是难的。因为真正的文化都是涉及心灵的，而凡是涉及心灵的知识，要接受它、转化它都是很难的。再加上，随着时间的推移，笔记本越来越多，要接受要转化的知识也越来越多。很多时候，明显感觉自己的思想跟不上自己的身体，也就是消化能力跟不上看书、做笔记的速度，也就是笔记本上的内容虽然记下了，但是无法掌握，更无法运用，虽然每天也在读，也在记，也在想。

一段时间以来，我就打算，停下笔记，只阅读笔记本。等消化到一定程度，再开始读书。但是由于习惯的力量，往往这一本记完，习惯性地马上开始记下一本，又开始新的循环。

问题来了。旧书不厌百回读，每一遍都有新的感想和体会。而一天不接受新的知识，不读新书，不做笔记，生活中就好像少了许多东西，就好像一个好不容易养成的好习惯被改变了一样。所以，每次都没有停下来，就这样进行着一个又一个的循环。

每次都想变，每次都没变成。人是习惯性的动物。许多时候，人是被习惯所支配，根本没用脑子的。

我内心有个打算，就是利用每本笔记本记完至月末的时间，专门消化笔记。把以前的笔记本来一个大消化，彻底阅读思考一遍。

2015 年 5 月 26 日，记完一本笔记本，刚好《妙法莲华经》也在 26 日晚读完新的一轮。于是 27 日，除了其他常规的工作外，就在读笔记、思考笔记。

27 日、28 日、29 日三天，我感觉阅读笔记的效果还好，自己的精气神都很充足，而且感觉在知识上也有所收获，但是内心好像总有所失。30 日又恢复以前的循环，开始阅读书籍，同时做新笔记。

除了平时每天对笔记的阅读外，以后，我决定每做完一本笔记，就用 10 天时间对笔记本进行消化吸收。

因为只有经过彻底的消化，才能内化。会读书，更要会消化。

2015 年 5 月 31 日

有温度的天台新华书店

我总认为,新华书店是一个地方的精神地标,是一个让人感到踏实的地方。如果一个地方有了上档次的书店,我就会立刻提升对此地的好感。

到天台县志办后,因为得地理位置之便,我一个星期中至少有半天是在天台新华书店度过的。待的时间多了,我也摸索出这个书店的规律。凡是整天待在书店里,站着看累了坐下看,坐下看累了再站起来看的,大多是不买书的。而那些买书的,大多是一到就一下子拿一大堆,然后马上付款走人的。

2013 年 6 月到椒江后,因为工作联系的是路桥,所以在椒江期间,除了台州新华书店外,跑的最多的是路桥新华书店。路桥新华书店旁边是永安广场和台州客运南站。而广场和车站的卫生是我们卫生城市创建的一个主要内容,所以到车站、广场后,我会顺便去路桥新华书店。

最初我是认为路桥就是重经济轻文化的,就像个暴发户,但是在几次进入路桥新华书店后,我改变了印象。这个地方文化内涵其实是丰富的,因为书店里的书是有档次的,里面看书的人也是很多的。

2015 年 6 月回天台,6 月 18 日开始正式上班。这勾起了我对往事的回忆,又想起了天台的新华书店。挂职这两年间,虽然天台的书店还在走,但是要特地过去,而且停车又是个问题,所以去少了。

正式上班的第二天,我走进了天台新华书店。

走进新华书店,竟然有一种陌生的感觉。

这种陌生感其实是一种不适应感。人对任何事物总是有一个适应期,就好像我们的眼睛,如果适应了黑暗,当你睁开眼时,会一下子受不了光线的刺激。因为熟悉了椒江和路桥的书店,心中有个固定的印象,乍看到与固有形象不符时,心中对此就有一种陌生感。这种陌生感,来自心灵的距离。

走进大门,首先摆放的是学生类用书,大概是因为这一类最能吸引人,效益最佳。二楼电梯顶上是售书排行榜,排第一的是美食类。看来天台人对美食还是很感兴趣的。不过我对媒体图书排行榜之类是不相信的,这是媒体对知识的绑架。每个人有每个人的追求与境界,读书讲的是一个意境,不能用媒体的标准去衡量。如果跟着媒体走,可能永远也读不到真正适合自己心灵的好书。

我感兴趣的有两类书,一类是地方文化的,还有一类是宗教的。所以一般情况下,我是直奔这两类书而去。

今天也不例外。

地方文献类是天台新华书店的一大特色,摆满了一大列。这从一方面说明我县文化的繁荣。我国进口书籍和出口的比例约为 10∶1,这说明我国在文化走出去方面还有很大发展空间。而我们有如此多的新书出现,如果能走出去,就是一大贡献。

宗教类的书籍,在天台新华书店的摆放位置变化不大,不过把中华书局出版的星云大师的一套十本放在了显眼的位置。这一类我们的新华书店和南边县市的新华书店还是有差距的。它们这一类书有好几列,是按人分类的,比如南怀瑾的、星云的,还有圣严的等。而我们就仅仅是一列。

实际上真正走进心里的这类书占比例较大。

天台新华书店里看书的人比其他两地新华书店看书的人要多,并且青年人也不少。这是一个好现象。年轻人能读书,这是一件好事。虽然场面不如那些地方,但是人气还是比较旺的。我注意到,有一个衣服穿得很朴素的中年人,就坐在二楼靠西边的角落里,至少看了一个小时的书,很是入神。

因为高考已过,也有部分中学生模样的年轻人在看书。不过他们大多停留在文学类上。我认为年轻人读些哲学对人生的启发可能会更大。因为哲学类思考的是整个人生,对人的思维是很有帮助的。

天台的新华书店是很有温度的,这是我的一点感想。

2015 年 6 月 20 日

时间无头无尾

今天，一首歌引起了我的共鸣。

特别是这几句歌词，使我马上决定写一下感想。

那几句是这样的：

时间都去哪儿了？
还没好好感受年轻就老了，
还没好好看看你眼睛就花了。

对音乐的欣赏，我认为有三个层次。首先是感官的欣赏，就是好听不好听。其次是情感的欣赏，就是心理上的共鸣。像以前的《常回家看看》，就引起了我心里很大的共鸣，这是集体的情感。最深的一种是乐理的欣赏，欣赏的是韵律、节拍，一般人达不到这个层次，那是相当专业水平的欣赏。

这首《时间都去哪儿了》，引发了我的思考——时间到底去哪里了。这是很多人都在思考的问题，每个人都很忙，每个人都很累，但每个人好像又都很闲，有浪费不完的时间。

有人说"我们的青春眨眼间就没有了"，也有人说"活着活着，就老了"。

《法华经》讲三心不可得，就是过去心不可得、现在心不可得、未来心不可得。过去心、未来心不可得，大家都能理解，至于现在心不可得，其实仔细思考也好理解。我们在说这三心不可得时，现在已经过去了。我们在发牢骚时，这段时间也已经过去了。所以三心不可得，实际上是代表着时间是不可得的。

时间无头又无尾，没有开始也没有结束。只有过去了我们才知道拥有。我们说话时，时间就从我们嘴边溜走。我们吃饭时，时间从我们嘴里溜走。我们生病时，时间就从我们病榻边溜走。总之，时间是抓不住的。我们只有好好利用，才能做时间的主人，否则，永远只能是叹息者。

只有抓住每一个当下，才能做时间的主人。

想要成为时间的主人，要做好三件事。

其一，人生不能等。

人生很多时间都是在等待中度过的。往往等待的时间越长，越是烦躁。一个人的事业能否成功、能否有所作为，跟他能否合理地利用等待的时间有很大的关系。因为，这段时间，我们可以用来学习，可以用来思考。这样积少成多，时间相对就多了，就可以做许多事。等待的时间就被好好利用了起来。当然也可以干等，只是越等越无聊。

其二，人生不能靠。

一切事物的变化都是内因起决定作用的。如果自己不想堕落，谁也无法叫你堕落。一个人只有自立、有为才有位。不怕自己被利用，就怕自己没有用。不问别人为什么，只问自己凭什么。

有了这种思想以后，就会自然而然地好好利用时间，抓住一切可以利用的时间提升自己。因为，靠山，山也会崩，靠海，海也会有波浪，所以就好好利用时间提高自己。自己强大才是真的强大。

其三，人生不能要。

不断地向别人索取，只能说明自己是贫穷的。不断地给予别人，才能说明自己是富有的。

如何才能不断地帮助别人？只有自己不断地去创造。就是好好利用时间，利用每天固定的二十四个小时，用这些时间发展自己。

做好这三件事，实际上是树立一个正确的人生观的问题。其实，道理是相通的。一个人只有拥有积极的人生观，才有积极的人生态度。也只有拥有积极的人生态度，才会好好利用等待的时间，才会不等、不靠、不要，自己创造美丽的人生。

因为只有拥有这样的人生，你的将来才是可圈可点的，你的人生才是有回忆、有收获、有积累的，才是不虚度的。将来那些成果，就是时间花费所在，就是时间所去的方向。等你老了，可以毫无惋惜地说，这就是自己多少年的时间所在。

时间去哪儿了？应该花到学习中、思考中、工作中，而不应花到是非中，花到无聊的等待中。

2015 年 6 月 10 日

安静是一种境界

一个人，只有在平静的情况下，才能不断地观照内心的每个角落，也就是对自身精神进行体检。因此，在安静的情况下，我们的心与宇宙的能量是相通的，会把宇宙中的各种能量都吸收进来，就会不断壮大自己。

因此，一个人如果无法安静，就无法强大。一群人中，安静的人可能是最强大的。

心静，又不是我们所能强求的。它是人生修炼的一种境界，而不是一种生活的态度。一个人如果没有修炼到一定的境界，即使整天坐着，纹丝不动，但可能心里翻江倒海，上天入地，天马行空，这不是真正的静。

静指的是心静，而不是身静。一个人如果心不静，即使做到身静，也只是暂时的，也不是真正意义上的静。

一个心静的人会产生幸福感，会产生满足感，会对世界满怀感恩之心。而只有一个充满满足感和感恩之心的人，才能有幸福的生活。因为幸福就是满足，就是感恩。一个人如果心整天处于飘荡、抱怨、怀恨之中，就不可能会安静，也就不可能会幸福。

心静能开发智慧、产生力量、成就幸福。

一个人心静的时候，能听到花开的声音，能看到空气的流动，能看到鱼儿自在的生活，能看到常人所看不到的东西，从而激发人生的真谛，享受生活点点滴滴的美好，成就一个完美的人生。

心静又不是一般的人所能做到的，是一个长期积累、不断提高、层层推进的过程。

心静需要智慧。一个没有智慧的人，什么都想要，结果得到越多，失去越多，因为宇宙是平衡的，我们得到的同时，也在失去。一个没有智慧的人，追求的是物质生活，但贪欲是无底洞，所以永远不会满足。不满足又想占有，就产生很多的痛苦。这样内心永不平静，就永远不会有幸福的生活。

而一个智慧的人，他看的不是表面，而是实质性的东西。花开有时花落也有时，相遇有时错过也有时，一切有其既定规律。他知道每一条河流弯弯曲曲都有它的历史原因，每一条道路也是如此。

心静需要定力。道家说“大丹将成，群魔乱舞”，意思是我们做一点事情，当达到一定的高度时，就会有各种各样的困扰，如果突破这些困扰，就会有大成就。心静的过程也是这样的，当我们心静到一定程度的时候，首先要面临的是内心的孤独感，这种孤独感，有时是一种死寂的感觉，就是死一般的宁静，无人可以交流，只与宇宙相通。这种孤独还有另外一个方面：世界总是热闹的，就是不热闹也有人会创造出热闹。而一个安静的人，他内心的境界、他的思想、他的处事方式，是高于常人的，也可以说是与世不符的，因此也是孤独的。

所以心静需要定力。如果缺乏定力，就容易走到世俗的热闹中去，而丧失自我，丧失那种美好的宁静。

安静需要情怀。一个人能做到安静，需要对世界有一种“不变随缘，随缘不变”的胸怀和“无缘同慈，同体大悲”的情怀。当一个人对周围的人，对整个世界能有如此情怀的时候，他的智慧足以看透世事，他的定力可以达到泰山崩于前而色不变。一个有情怀的人，他认真做事而不执着于结果，重在享受过程。他做事像镜子一样“事来则应，事去则无”，也可“在凡不减，在圣不增”。“举世誉之而不加劝，举世非之而不加沮”，永远是个淡定的自我，这就是安静需要的情怀。

心静需要修炼。人的境界是一步一步提高的，修行就是去掉自己的缺点，一点一点地去，就是个“得寸进尺”的过程，每天去掉一点点，日积月累，就有大提高、大进步。要达到大境界，需要每天不断地不反思，不断地总结，不断地修炼。

2015年7月15日

做一个内心有风景的人

儿户要好的人家组成一个团队，暑假去内蒙古玩。

孩子们最高兴了。还有几个星期才去呢，他们在上学路上就说个不停，没完没了的。孩子们总是很好奇的。外面的世界对他们来说总是有无穷的吸引力。我对孩子们说，先把期末考试考好，不然会玩得不开心。孩子们安静了一会儿，马上就又活跃起来了。这个时候，我想，我如果说多了，孩子们或许就反感了，所以，我接送那几天就没有再说了。

孩子们对旅游的期待，其实是出于对外面世界的好奇。他们正处于大量摄取知识的时期，加上此次的路线有好几处是他们在书本上学到过的，所以他们格外期盼，格外兴奋。

要感受外面的风景，首先心中要有风景。只有心中有风景，才能不断地发现外面的风景。如果心中没有风景，到哪里都感受不到真正的风景，除了赶新潮般看到一些奇异的事，回来说一下之外，不会学到一点知识。

一个内心有风景的人，善于发现一件普通事物的意义。而风景就存在于这意义之中。任何一件事情，只要我们了解其意义，就能发现它的可爱之处。所以，发现风景，首先是培养对事物意义的发现能力。

一个内心有风景的人，首先是一个爱学习的人。

人的能力，可以在学习中不断得到提高。一个人只有学习，才能不断提高对事物的鉴赏能力，对事物意义的发现能力，也就是对风景的观赏能力。鉴赏能力、发现能力、观赏能力，都是以知识为基础的。

有多少个人，就有多少个世界。人有不同的层次，不同的知识结构，所以对美、对风景、对世界看法也不同。一个内心有风景的人，必须是一个会思考的人。

知识是前人的经验，就好像我们吃的食物，一定要经过消化，才能转化为自己的营养。不然的话，我们学到的永远不能内化为我们的营养，更不能成为我们身体的一部分。

人只有对知识实行系统思考，形成自己对世界的独立看法，才能发现无处不在的风景，才能感知无处不在的善良与美丽。

不会思考的人只会随众。众人说风景好他也说好，众人说美丽他也说美丽。世界的美在于其丰富多彩，不可能是一个基调。世界的美在于和而不同，美美与共。多姿多彩的美才是真正的美。这种发现，就需要思考力。

一个内心有风景的人，必然是一个睿智的人。

读书和旅行，都是了解世界的方式。

真正的旅游，是心灵的旅行。一个人只有在内心安静的情况下，才能发现别人发现不了的风景。只有一个安静的人，才能做到看清世间的事情都是合理，看清花开了，是因为开花的因缘具足了，花落了，是因为落花的因缘具足了，一切都有其规律。很多时候，人力是无可奈何的，我们用尽力气，也无法阻挡最后一朵花的掉落。

能做到如此了然于胸，需要一颗平常心，需要一颗不为是非、得失、有无所动的心。而能做到这一切，就是一个睿智的人，因为只有睿智的人才能世事看透心了然，才能不为外境所动。

这种睿智需要学、思、修三者的结合，需要日积月累，需要不断提高。

一个人只有通过修炼，不断去掉对自身的执着，去掉身上的毛病，去掉多年的习气，才能增加定力，提高慧力，才是一个睿智的人，才是一个内心有风景的人。

2015 年 6 月 23 日

历史有无数的选择

鲁迅先生说:“无尽的远方,无数的人们,都和我有关。”我们的任何起心动念都可能造成蝴蝶效应,进而改变世界,所以历史总是有无数的选择。

凡是已经过去了的都叫历史。历史的作用是使今人知得失。因为人性都是相似的,所以历史总是有许多的共性。而我们面临选择时,总是希望有参照,但是,没有参照的选择才是大选择。

面对历史,我们要知道:

第一,每个人对于当前只能是适应历史,不能因为历史有无数选择而产生迷茫的情绪。人只有首先适应了环境,才能进而改造环境,进而改造历史。

如果我们抱怨历史的无常,抱怨生活,就会失去气场,就会在一次次的抱怨中丧失斗志。所以我们只能选择适应历史,顺应历史的潮流,再去做一些对人生、对社会有意义的事情。

第二,应多读些书,把握历史的规律。

历史如同一艘在大海中航行的船,又似在天空中高速飞行的飞机,是有其航线的。所谓太阳底下无新事,其实意思是,故事都是新的,道理都是旧的。人性永远不变。只要主角——人类没有变,不同的历史只是不同的故事的翻版而已。

读书使人明智,使人开慧,使人的心变得无限强大,因为一切其实都可以从历史中找到答案,从而做出智慧的选择。

第三,多运用历史知识,使自己不烦恼。

人的烦恼都是因为看不透，想不开，佛教里面叫作我执太重。

一个我执重的人，处处都认为自己是对的，别人是错的，是别人愧对自己，甚至整个世界都是愧对自己的。所以他的眼里，只有自己，没有他人，只有怨恨，没有感恩，只有自己的对，没有自己的错，只有痛苦，没有快乐，甚至只有仇恨，没有感恩。这样的人表面看似强大，其实内心无比痛苦。

为什么会有我执？就是因为没有看清，也看不清世界的本质。以为自己就是世界，看不清事情的原因，看不清世界的无常，看不透人生的本质。

如果能懂些历史，就会把自己的眼光放长远，就会找到事情的原因。原来，以前也是这样的，原来，历史上这类事情多的是，又不只有我一个，那么，无形中就为自己找到了解脱之道，这样你就会放下许多。放下了就是想开了，想开了心里的气也就顺了，也就快乐了。

读史可以找到答案，可以增长智慧。

智者不生烦恼。聪明的人能不断汲取精神财富，智慧的人能一直得到快乐。

2015 年 7 月 2 日

一切意义都赋予过程

一切事物都可分为生、住、异、灭四个阶段，也就是我们常说的产生、过程和结果。

人们一般都注重结果，认为结果好就是好。

但是佛学认为，过程比结果更重要。一切事情的意义在于这个追求的过程。过程远比结果重要。

如果一个人把结果看得比过程重要，目光就会变短浅，思路就会受阻，境界就会变低，甚至为了结果可以不择手段。

而一个把过程看得比结果重要的人，就不会执着于结果，就会有一个大的境界，思路就会有大提升，得到的往往是大果。他看到的绝不是单单一个小我，而是整个世界。

好比一个猎人在追逐猎物时，他的眼中是只有猎物，而看不见山水之美的。

又如一个人做生意，如果追求的只是利润，就可能会以次充好、坑蒙拐骗，就会不择手段。什么注水肉，什么吊白块，什么苏丹红，所有这一切问题食品都源于追求利益的最大化。这不仅损害社会利益，自己还要面临良心的煎熬和社会公德的考验，以及法律的制裁。把结果作为追求的终极目标，结果是路越走越窄。

而一个生意人，如果把过程作为自己的目标，就会考虑社会的利益、人民的需要，就会考虑整个流通环节社会需要的是什么，然后根据需要进行生产。就会把提高产品质量、服务社会需要、方便人们生活，作为生产的终极追求,因此路就越走越宽广,最后能获大利。这也是修大行。所以三流的企业做产品,二流的企业做社会,一流的企业做生命,是挽救人心。

这就是所谓"大商言道,小商言利"。

再比如,一个学生,如果单单以追求考试成绩为自己的目标,就会"两耳不闻窗外事",就会为了成绩不顾其他,如同学之间的感情交流、做事能力的锻炼、情商的培养,以及各方面素质和综合实力的提高。他们可能会为了提高成绩而营私舞弊。这样的学习,无法提高自己在各方面的能力,从而使自己变成书呆子。其实对于一个学生来说,人格的培养比学习成绩还重要。

而一个学生如果看重的是过程,就会淡化对成绩的态度,把提高自己对知识的理解、消化、运用作为自己的学习目标,同时也会注重和老师、同学的关系,也会注意自己能力素质的提高,也会翻看各方面的书籍。这样,在无形之中,自己各方面的能力就得到了锻炼,综合素质就会大大提高,自然也会从学习中得到乐趣。这样,在学习中既可以学到知识,也可以提升各方面能力。

这就是"会听话的孩子偶尔成绩好,会自学的孩子永远成绩好"。

要做到把意义赋予过程,看重过程而不是注重结果,需要智慧。

首先要有大学问。没有大的学问,没有大的眼光,就会只看到眼前的利益,甚至鼠目寸光,杀鸡取卵。而一个有着大学问的人,知道世间的一切都只是一个过程,有生必有灭,所以与其执着于本就会失去的虚无缥缈的结果,还不如提高自性,在自性上下功夫。"自性若迷,佛何可救?"他会知道世间的一切都是一个平衡,有所得必有所失。他知道,增加自己的学问,自己达到一定高度的时候,人脉机遇就会自然而至,他就不会一味去追求人脉。他知道当自己把某一方面做到炉火纯青的地步,自己就站在了人生的高处。

其次要有大境界。眼睛能看到是视力好。看到肉眼看不到的就是眼光好,是境界。有境界的人看到的是事物潜在的力量,是对事情的智慧的判断。能从已知中看到未知,看到未来,就是境界。

片面追求结果的,都是把自我的小利益看得过重,以至于阻挡了自己的视线。我们人的潜力都是无限的,每个人都可成佛。这是佛祖在菩提树下开悟后说的第一句话，但是众生大都被私利蒙住了眼睛，一叶障目，不见泰山。

再次还要有大情怀。赋意义予过程的人，与常人是格格不入的，常常不为常人所理解，甚至受着各种压打压、非议。这个时候，人要有情怀。没有情怀的人，很容易因环境的影响而改变。一个有着大情怀的人，是不为得喜，不为失悲的，是“最上无情，最下不及情”中的无情。看似无情，实是大情。

2015 年 7 月 12 日

先安心后睡觉

睡觉似乎是人的本能。饿了吃困了睡，这是人本能的反应。

但是即使是本能，也需要调控。需要让自己这种本能，适应自然的规律。比如吃饭，我们都会吃，是按时有规律地吃，还是毫无规律地吃？是少吃多餐，还是暴饮暴食？是多吃素还是多吃荤？不同的选择，对人的健康影响也是完全不一样的。

睡觉也是如此，看似本能，其实千差万别。“会”睡觉的人，到哪里都能睡，什么都可以成为枕头，什么都可以成为床，他倒下便能呼呼大睡。“不会”睡觉的人，觉得这里也吵，那里也吵，就是睡不着，整晚噩梦连连。

不会休息的人也是不会工作的人。因为适当的休息也是一种精进。人的能量是从静而来。人如果得不到休息，能量就得不到补充，就没有精力做事情，就会干什么事情都集中不起注意力，做不好事情，这是恶性循环。相反，一个会休息的人，我们看他整天很忙，但因为休息得好，就能忙而不乱，整天精力充沛。因此，休息对一个人来说真的很重要，就像人生的加油站。

如何学会睡觉，实在是一门本领，对我们太重要了。我们需要食物，需要氧气，需要睡眠，其实都是为自己增加一种能量。如果各方面的营养得不到补充，就不能得到健康的成长，所以要学会睡觉。

如何睡觉？先睡心，后睡身。如果心没有安静下来，没有得到休息，即使身体躺在床上，也不是真正地在休息。从某种意义上来说，心是我们身体各个器官的长官，是各种指令的发布者。如果心没有调节好，处在烦恼中，翻江倒海，上天入地，我们的身体也得不到休息。很多时候就是这样，我们心中想着晚上早点睡，因为明天还有重要的事情要做，结果越想早点睡，就越是睡不着，越是睡不着，心里就越着急，怕影响明天的工作，所以逼迫着自己去睡着，但越是这样想，就越是睡不着。就这样反反复复，到天亮还睡不着，第二天就没有一点精神，严重影响工作。

要睡好觉，从精神层面上讲，具体要做到三心。

一是静心。

就是使心安静。一颗安静的心，就是平常的一颗心，就是本能的一颗心。本能的心，困了就会睡。如何静心，那就是要把心放大、放宽。多想想因缘观，什么事情都是有原因的，我们着急是没用的，只能对事情不利。我们没做好、做不好，是自己知识不够、能力不够，得慢慢长进。这样，从因上去分析，人就容易想开，原来是自己的原因，也不能怪别人。少一分埋怨，内心就多一分释然，人生就多一分快乐。

还可以想想无常观，很多事情，得到了未必是好事，失去也未必是坏事。因为人生是很无常的，得到的也许正在失去，失去的也许就是另外一种形式的得到。这样一想就没有什么事情放不下，心就安定下来，就进入睡眠了。

二是放心。

如果实在想不开，因为明天的事情太重要了，就可以这样想，万一没做好，后果会怎么样。想想处于这样的结局中的情形，也能找到其中的乐趣，就能把事情放开，原来认为很重要的、惊大动地的事情，以平常心看待，也不过如此。许多事情，因为在乎，所以重要，因为重要，所以放不下，因为放不下，所以睡不着。而当我们不在乎的时候，就能呼呼大睡了，所谓心头无事一床宽，心头有事天地狭。当然前提是要做最充分的准备，所谓“最好的准备，最坏的打算”。

三是读书的心。

读启迪心灵的书。比如可以念《心经》，我在睡前默念三遍，一般都会睡着。《心经》是大乘佛教经典的核心，也是解决人心灵问题的经典。这部经典拥有的智慧和使人通透的力量，足以影响人的心灵，改变人的心境，使人安静、放心，自然地入睡。

学会睡觉，对人来说确实很重要。其实，从某种程度上来说，睡觉就是如何使人的眼、耳、鼻、舌、身在心的指挥下，处于一种安静的休息状态，从而补充能量这么个过程。眼睛看东西是在消耗能量，耳朵听也在消耗能量，鼻子呼吸也在消耗能量，身体剧烈活动当然是消耗能量，胡思乱想更是消耗能量。而这一切在心的指挥下，表现出一种安静的休息状态，其实就是补充能量。

学会睡觉先安心。

2015年7月18日

人应该勇于有梦

人在睡觉的时候，眼睛、耳朵、鼻子、身体等都处于休息状态，但是人的潜意识还处于活跃状态，这就形成了梦。梦虽然千奇百怪，但是，很大程度上，梦是人思维的反应，所谓“日有所思，夜有所梦”。

因为梦是人思想的反映，所以很多时候，梦也能反映一个人的希望、理想、追求和目标。

“人人之梦各异，夜夜之梦各异。”一个人有一个人的梦，一个时代有一个时代的梦，一个国家有一个国家的梦。我们的中国梦，就是实现中华民族伟大复兴，是一个强国梦。

人生不能没有梦想。没有梦想的人生是不幸的人生。

人生因有梦而精彩。

梦想是希望。没有梦想的人是没有希望的人。人很多时候是活在希望里的，因为希望，所以渴望明天。让生活充满期待，人生就会增加很多的乐趣。如果没有希望，人就会失去很多生活的意义，就会变成仅仅为活着而活着。这样的人就好像行尸走肉。

梦想是力量。人是靠信心而活着的。面对一个生病的人，医生说“还可以活”“还可以救”“马上就可以医好”，就是增加病人的信心，这对病人的病是很有好处的。相反，如果说病情多么多么严重，就会增加病人的心理负担，病人的病情可能会因此加重。所以我们去探望病人的时候也要给人以信心，就是给病人以梦想，给病人以力量，给病人生存和生活下去的信心和力量。这种力量有时是非常强大的。

梦想是方向。一个失去方向的人,面对世界,就会无所适从。玄奘法师一个人历经千辛万苦,最终到达印度,就是凭借着心中有一个方向、一座灯塔,最终克服常人所不能克服的困难,历经艰难险阻,成就大业。为中国,为世界的佛教事业,做出了不可磨灭的贡献。

人不能没有梦想。

一个有梦想的人,是一个强大的人。一个人在奋力追逐梦想的时候,就会把自己所有的精气神,都集中在这个梦想上。人的心力不可思议,当把所有的能量都集中到某个点上,专注于某个点,就会爆发出无穷的力量。如玄奘,要经过八百里沙漠,又要翻越雪山,如果没有强大的求法决心,简直是不可能的任务,但是玄奘完成了。心中那个梦想,使他变得无比强大。

一个真正有崇高梦想的人,他的内心是非常平静的。因为他不会在乎世俗的所谓得与失,"若真修道人,不见世间过",他的心中只有那座梦想,只有那个高高的灯塔,只有那个远方的目标。为了这个内心的目标,他会不断地学习充实自己,不断地思考启迪自己,安静地面对世事。

当然,这个平静是对外的平静。他的精神、他的灵魂是最热闹的,是丰富多彩的。

一个有崇高梦想的人,是一个幸福的人。一个有崇高梦想的人,他的心永远在实现这个梦想上,所以会放弃世间的许多比较与斗争 。这个人看似孤独,其实丰富。一个人如果缺少交往,是一个缺点,但是如果缺少孤独,那是一种灾难。很多成大事者,都是在这种孤独中成就的。他们不以常人之苦为苦,也不以常人之乐为乐,心中自是法喜充满,因为随波逐流的快乐都是不长久的,只有独立精神的快乐,法喜的快乐,才能是永远的快乐。所以有梦想的人是幸福的。

当然,为一个梦想,还应该脚踏实地地干,勤勤恳恳地干。除了勇于做梦,还应该勤于圆梦。如果只知道做梦而不勤于圆梦,不去为实现这个梦想而奋斗,那就会陷入空想状态,是不会幸福的。我们可以大胆地想,但应该脚踏实地地干,这样的人生才有希望,才有明天,这样的人才会赢得别人的尊重,才会成就一番大业。

人应该勇于有梦。没有梦的人生是不见绿洲的沙漠，是迷失在大海中的航船。

2015年7月19日

人应该勤于圆梦

人生是一个不断做梦、不断圆梦的过程。

当然，这个梦也不能脱离现实，无论如何应该脚踩着大地。一个真正的梦，应该既是目标远大的，也应该是可以经过不断努力得以实现的。真正的好梦应该具备以下条件。

一、有益人类。

梦如果是反人类的、危害人类的，就不是好梦。就像日本帝国主义征服中国、征服世界的梦，是噩梦。只有真、善、美的梦，才是永久的，才是有生命力的。那种战争梦，不义的梦，都是噩梦，最终的结果是走向灭亡。

二、脚踩大地。

任何梦想都不能脱离现实。梦想总是和时代相连，和时代的生产力发展水平相连。也就是说，只有当我们的生产力、生产技术发展到一定的程度，才能实现相应的梦想。这样的梦才是脚踩大地的。如在现代社会，我们可以梦想上天下海，遨游太空，但是在原始社会，如果一个人在做这样的梦，那就是幻想，是不切实际的。

三、时代需要。

玄奘去印度取经，是因为看到当时人们对大乘佛教经典普遍存在一种迷茫。为了解决这种迷茫，为了让众生得到解脱，玄奘怀揣着这个时代的需要，不畏艰辛，万里求法，实现了他伟大的梦想。同样，汽车、电话、电灯等的发明，都是时代的需要，时代的梦。

有好梦是第一步。做梦是一时的，但是圆梦是一世的。如何圆，就在一个“勤”字。所谓“一勤天下无难事，一懒世间万事休”。一个人即使智力一般，勤劳也能弥补，所谓“勤能补拙”。相反，一个人哪怕智力超群，如果懒惰，不思考、不学习、不总结，思想也会慢慢地锈掉。所以人要勤劳，世间学问在于点滴勤。

一个勤劳的人，他的智慧一点一滴地积聚了，就会汇聚成智慧的汪洋，就能做出大事情。实现自己的梦想，最关键的还是这个“勤”字，具体应做到以下几个方面。

第一，勤于学习。

世间万法皆可为学。万事万物都在讲经说法，都在诠释宇宙的真理妙谛。我们只要想学，无论哪里都可以学到知识。世间无一物不是我师。

一个会学习的人，他在哪里都可以学习，他在任何时间都可以学习。他在等待的时候可以学习，他在与别人闲谈的时候可以学习。总之，他会“偷”出一切可能的时间来学习，补充自己知识的缺陷，从而不断壮大自己。圆梦需要知识，没有知识基础的梦想，是空中楼阁。

一个会学习的人，他的世界永远是宁静的。尽管旁边可能吵吵闹闹，但他的精神都集中在与世界的对话之中，遨游在知识的海洋中。相反，一个不会学习的人，是找不到安静的地方的，四处皆喧嚣，没一个可以安静读书的地方。

第二，勤于思考。

我们的想象力以知识为基础，但是知识绝不等于能力，知识只是提高我们能力的基础。无知的人必定无能，但是有知识的人不一定就有能力。因为知识是可以通过学习获得的，可以通过我们努力学到，而能力、智慧是需要经过自己的思考，在实践中不断总结提炼出来的。知识可以学习，可以买卖，但是智慧是不能买卖的，是要自己内化产生的。

所以，要想提高自己的能力，增加自己的智慧，实现自己的梦想，就要在学习知识的基础上，勤于思考，在思考中不断地强大自己，成就梦想。

第三，勤于总结。

我们学习的知识，往往是零散的。这些零散的知识，只是构建我们梦想大厦的一个材料。如何把这些零散的知识组建成智慧的大厦,实现自己的梦想?那就是不断总结。通过总结,将知识融会贯通。通起来就有力量,就会成就一个智慧的人。

人不怕犯错误,怕就怕没有从错误中吸取教训。如果在这一件事情中,我们既没有总结出经验,又没有吸取教训,就没有提高,就没有进步。长此以往,就无法实现自己的梦想。

2015 年 7 月 19 日

要学会倾听别人说话

每个人都喜欢认真倾听自己说话的人。

善于说话是一种能力，善于倾听则是一种智慧。我们人有两只耳朵，却只有一张嘴巴，本身就要求我们少说话多听话。因为说是释放自己的能量，而听则是吸收能量。很多时候，我们通过认真地倾听，就会发现对方真正所思、所需、所求。

认真倾听，是一种尊重。

许多时候，说话代表一种权利。大凡说话者，都希望别人能够认真地倾听自己说话，这表示自己的话有道理，自己有智慧，是得到别人尊重的。所以没有人不喜欢别人认真听他讲话。而做一个听者，认真听，也是对说者的一种尊重。

认真倾听，是一种修养。

没修养的人，总是不停地打断别人的说话，迫不及待地表达自己的思想。这其实是对别人最大的不尊重，也是一个人没有修养的表现。而一个有修养的人，总是听得多、说得少。他不会说很多的话，但会制造很多的对话。

认真倾听，是一种智慧。

智者认真倾听，愚者说个不停。而仔细观察，那一天到晚说个不停的人，看起来口若悬河的人，实际上都是普通人，内心里甚至有种自卑的感觉，怕别人看不起自己，用说话来为自己不断壮胆，借以显示自己的博学。真正的智者，他总是在恰当的时候，以恰当的方式，画龙点睛地说上几句。因为

“重要的话一两句,重要的路一两步”。

认真倾听,是一种力量。

世界时时刻刻都在传递着信息。信息传播的渠道有多种,其中很重要的一条就是说话,所谓口口相传。因此,我们认真倾听,实际上是在接受一种信息。而信息,在很大程度上代表着一种力量。

认真倾听,善于倾听别人说话,对自己人生的提升,有很大的促进。我们应该学会倾听,在倾听中获取信息,结好人缘,提升自己。

善于倾听,需要安静。

一个人如果心浮气躁,满脑子都是自己的对、别人的错,都是世界对不起自己,是不可能认真倾听别人讲话的。可能你一说话,他马上就在否定,接下来就滔滔不绝地讲解自己的大道理。而一个安静的人,他可以耐心地听你把话讲完,理解你的所思所想,即使你满嘴谎话也不加以戳破。他会思考如何学习你的长处,所谓“看别人的坏,学别人的好”,从中不断学习他人的长处,使自己变得无比强大,就是“静则生辉,动则生昏”。所以,一个善于倾听的人,是一个安静的人。

善于倾听,需要智慧。

知识转化为智慧,需要经过自己的实践反思。认真听话就是一个过程。我们人都有自己的思想、自己的知识。而别人对我们说话也是表达自己的思想、自己的知识。人与人的思想观点不可能是完全相同的。一个善于倾听的人,总是在倾听中,寻找最大公约数,把自己的知识转化为处事应变的能力,也就是智慧的提升。因为知识和智慧永远有一段距离,倾听就是通过两种知识的交流,提升自己的智慧。所以,一个善于倾听的人,是一个智慧的人。

善于倾听,需要胸怀。

人都认为自己是对的、别人是错的,就是所谓的我执。一个没胸怀的人,可能听到不同于自己的见解,甚至完全相左的意见,就身不由己地加以否定,加以反驳,表达自己的观点。而一个有胸怀的人,他有一份耐心,他听你讲完之后,可选择适当的方式,以适当的语态,表达自己不同的见解。求的不是对错，因为很多事情不是非对即错这么简单的二元结构，从不同的角度看，完全可以有不同的结论。他不否定别人的观点，只是表达自己的观点。所谓“是己之是而不非人之非”。有胸怀的人，他就有这份大气，这份沉着与冷静。所以，一个善于倾听的人，是一个有胸怀的人。

一个人不管自己有没有文化，不管学历多高、能力多强，都要会听话。倾听别人讲话，观察这个世界，反省自己的内心，提升自己的境界。当你认真听别人讲话的时候，你都会看他的内心，看到他的世界，看到他的生活，甚至可以看到他的一切。真诚的还是虚伪的，是急性子的还是慢性子的，生活是幸福的还是不幸的，人缘是好的还是坏的，世界是丰富的还是单调的，会工作的还是混日子的，都能通过听了解到。相反，一个不会听话的人，单凭自己的主观意志行事的人，没有不碰壁的。这就是有文化没文化都要会听话，听出别人话外之话。

善于倾听，对一个人很重要，不论是工作还是生活。

2015 年 7 月 21 日

美在于发现

这几个月写生活的感想、人生的感悟，就是在这种日常的平淡如水的生活中，寻找挖掘一些有意义的、有感悟的、对人生有启发的问题。几个月坚持下来，有时候一天之内感悟很多，有时候则根本找不到感想共鸣，需要苦思冥想。

其实人生每件事都有每件事的意义。我们对事情的意义就在于对其理解的程度。理解了就觉得有意思，不理解就什么都没意思，也不会有启发。如果理解了，树木的果实、枝叶、树干、树根，天上飞的、水下游的，都可以成为我们写作的题材。关键是发现能力。

在几个月的坚持中，我的感悟的题材来自以下几个方面。

其一，来自生活。

生活是一座取之不尽的宝矿，只要我们会思考、会发现。尽管日子过得很平淡，很有节奏，没什么波澜起伏，但是我也发现了许多的意义。例如，原来都是自己开车去椒江的，有一次坐公共汽车去，就产生了感想。在车站看到等车的人都在玩着手机，就又产生了感想。平时有空自己种些菜，盼着它快点长大，盼望的时候有关于盼望的感想，长大了有关于长大了的感想，成熟了有关于成熟了的感想，锄草的时候有关于锄草的感想，收割的时候有关于收割的感想。回家看望母亲有关于看望母亲的感想，听母亲唠叨有关于倾听的感想。女儿烧饭时有关于女儿烧饭的感想。旅游有关于旅游的感想。走路有走路的感想……生活中，无处没有感想。

其二，来自工作。

多城同创时有关于同创的感想。考核时有关于考核的感想——考核马路时有关于马路的感想，考核城中村时有关于城中村的感想。回来上班第一天有关于第一天的感想，上班做第一件事时有关于第一件事的感想。单位里人少有关于人少的感想。编刊物有关于刊物的感想。加班时有关于加班的感想。去书店有关于书店的感想。朋友来访有关于朋友来访的感想。

其三，来自学习。

每天学习——学习新的知识，还有复习旧的知识，所谓“温故而知新”。旧书不厌百回读，有时候我们看书，就是看已经看过了的书，每看一遍都有不同的感想。有时一个经典的句子可以引起我们无限的遐想。如《世界因情感而复杂》《事情可赶，心不可急》《一草一木皆有情》《人与人的相遇是不容易的》《做明人，不做名人》等文章，就是在学习中，看笔记中，看到一些经典的故事所产生的共鸣、引起的感悟。

要想美，万物皆可美。要写感想，万物皆可感悟。关键是我们的发现能力。

善于发现美是种能力，需要不断地积累，不断地提高，不断地修炼。

第一，需要不断地积累。

如果没有一定的知识，根本理解不了生活的意义，也说不上感悟人生的高度。只有知识积累到一定的程度，才能够理解，才能够发现，才能够表达。因为每一件事物，都包含一定的道理，需要一定的知识去理解、去参透。只有理解了、参透了才能发现，发现事物的意义和美，才能够提高到感悟的高度。例如，对书法一窍不通的人，就发现不了书法的美、书法的奥秘，甚至会感到无聊。美是需要能力去发现的。当知识积累到一定的程度时，在美的认识方面自然会有飞跃。

第二，需要不断地思考。

人的大脑是用来思考的。越思考，大脑中的思维因子就会不断被激活，大脑就会越发达。一个不会思考的人，也就是没有思想的人。我们思考也不一定要思考出什么结果来，因为人生在许多时候本来就是没有结果的。

但是我们通过思考，在某些方面的思维能力就会得到提升。这样，一在生活中遇到有关这些方面的事情，那种思考力就会呼之欲出。换句话说，就是“你准备好了，机遇就来了”。也就是说，“机遇常常青睐于有准备的人”。

第三，需要不断地表达。

灵感是飘忽不定的，来得快，去得也快，是根本不可预测的。但开悟不同，我们等着开悟，就根本开不了悟。但是，我们的功夫到一定的程度，因缘具足时，开悟的时机也就成熟了。

我们只有把自己的感悟，不断地用文字表达出来，不断累积起来，也就是增加开悟的因缘。只有通过写，才能正确把握自己开悟的程度，对事物的理解的透彻程度，才能不断增加知识的广度和深度，也才能不断地激发大脑的活力。所以要不断表达，也就是不断地写，不断地发现。在表达中发现，在写中发现，从而提高发现美的能力。

善于发现生活中的真、善、美，是一件赏心悦目的事。

善于表达生活中的真、善、美，是一件快乐无穷的事。

善于传播生活中的真、善、美，是一件功德无量的事。

2015年7月20日

世界因情感而复杂

人是情感的动物。情感可以影响我们的思想、行为和看世界的态度、眼光。对待任何一件事情，有没有情感，会得出两种完全不同的结论。

人如果没有情感，那么看到的一个个人，都只不过是一幅幅画而已，而不是一个个鲜活的生命。同样，看到的世界也是死的，毫无生机的。因此，一个没有情感的人，他的生活是无聊的、无趣的，进而，他的生活是狭隘的、自私的，也是痛苦的，因为他看不到阳光，感受不到友谊的温暖，只能看到这冰冷的世界和社会的阴暗面。

而一个有情感的人，他看到的世界是丰富的，他的人生是充满生机的，他的生活是快乐的。人因善心而快乐。一个有情感的人，他会发现快乐是无处不在的，世界是无处不美的，因为他有一颗美的心，这颗心折射出的世界就是美丽的。他就看到天上飞的、地下走的、水里游的，看到很小很小的事物，都能感受到快乐，沐浴在丰富的感情中。所谓“天下一家，众生一体”，一个有情感的人，他能听见小草发芽的声音，看到空气的流动，品味岁月的静好，感受世界的美妙。

这就是所谓我怎样看世界，世界怎样看我。世界是自己内心的一个反应，自己是世界的一面镜子。人都是有选择地看世界，你有怎样的心理，就看到怎样的世界。

情感又可以分为多种，有亲情，有友情，有爱情，有道情。

亲情，是人与生俱来的，是有血缘关系的，是联系最紧密、最牢固的一种情感，所谓血浓于水。然而，亲情虽然牢固，但是范围不广，是一种比较原始、比较狭隘，甚至是比较自私的情感。

友情，是在生活中、工作中结成的朋友之情。朋友一般有一个共同点，就是兴趣爱好大致相同。当然也有兴趣不同的，因利益的交换而结成的朋友，但那是不牢固的，利益在朋友就在，利益没了，朋友也就没了，这不是真正意义上的朋友。佛祖说，有四种朋友，如花的朋友，如秤的朋友，如山的朋友，如地的朋友。前两种朋友，重的是利益：你开花了别人来欣赏你，这是如花的朋友；和你交朋友，首先考虑能从你这里得到多少利益，这是如秤的朋友。而如山的朋友是很厚重的，他时刻给你思考、给你建议；如地的朋友是踏实的，他总是在你最需要的时候出现，虽然不会讲很多好听的话。

爱情，比友情深，但比友情有私心。爱情是时刻变化着的，不像亲情那么牢固。爱情只有升华为亲情，才是坚不可摧的。

道情，是广大无私的情感。是爱家庭进而爱大众，爱大众进而爱苍生的情感。个人情感的升华，是由小我走向大我和无我的过程。具有大爱无疆的情怀，和“不为自身求安乐，但愿众生得离苦”的发心，是一种至高无上的情感，只有大修行者，有大出离心者，才能做到，他们最后也是会成大果的。

做人要做有道情的人。一个人如果能够把自己的情感升华为道情，那么他就会时时生活在法喜充盈之中，他就永远有一个快乐的人生。因为一个人只有将自己的追求升华为集体的追求，才能得道多助。有道情的人，没有自己的小利益，有的只有天下众生的利益。因此，无论干什么事情，他的动力都是内发的，他把生活中所有的事情都作为修行的过程。吃饭他也能吃出浓浓的禅味来，走路他也能走出浓浓的禅味。禅不是愁眉苦脸，而是笑逐颜开，将快乐放在心头。如果为了打坐而去打坐，其他的时间都不在修行，不在坐禅，那不是真修行，因为修行是个连续不断的过程。

所以一个有道情的人，他把生活中所有的事情，都看成快乐的事，把生活中所有的事，都看成坐禅，看作内心的一种修炼。所谓“坐也禅，行也禅，语默动静体安然”，就是时时刻刻都会坐禅，都在享受着法喜的快乐。

人，首先要做一个自立的人，这是人之为人的条件。其次，要做以一个有情义的人。人如果没有情义，自身也是痛苦的。再次，要做有道德的人。

对朋友，对熟悉的人，要有情义。对有缘和我们遇到的人，要有道德。但是对并不认识的人，我们内心应该有个道德标准。最后，要做一个有情怀的人，也就是要做一个有道情的人。他的爱，他的情义，是没有边界的，是辽阔无边的。他考虑的不是个人的私爱，而是平等的爱，而是博爱。

如果我们能把情感升华为道情，那么在工作的时候，对为你服务的对象，也会设身处地地为对方着想，考虑对方的难处，尽量减少对方的麻烦，做好自己的工作。而不是只想到这事是不是我的职责所在，能不能推，如果推不掉，能不能拖。如新闻报道中出现的跑八个月开单身证明这件事，这不是用道情在做事。如果想想是自己的兄弟姐妹在办这件事，还能这样推来推去吗？

工作就是把爱变成看得见的行为。

世界因情感而复杂。

2015 年 7 月 17 日

骂人不揭短

经常可以听到，两人吵架的时候，骂得很难听。很多人总是把自己所能想到的最难听的话骂出来以刺激对方，从而显示自己的正确。

人都有短处，你用难听的话刺激对方，对方也就会想尽一切办法，用你的伤疤来骂你，来刺激你。于是越骂越凶，最后，发展成武力打架。

每个人都有自己的短处，即使是伟大的人物也是如此。这种短处，是自己内心的伤痛，平时自己也不愿想起，更不愿别人提起。因此，只要一提起来，便会触及自己最敏感的神经，对自己是一种心灵深处最大的打击。在这种时候，人的第一个反应就是极力地反击。

这就是平常说的“打人不打脸，骂人不揭短”。

揭别人短处，是对对方最大的伤害。人与人其实是应该和谐相处的。如果两个人能和谐相处，两个人都能快乐地生活。如果处于对立的状态，其实两个人心里，都是很难受的。即使是强势的一方，如我们父母打骂孩子，老师打学生，其实内心还是爱的，都知道打骂孩子、学生是不好的，但为什么要打要骂呢，因为认为是孩子不听话，心里难受。

对立于一个人而言，就像立了一堵墙，实际上挡住了自己的去路。而两个人即使人生观完全相同，也不可能在行事方式、思维方式上完全一致。因此，不懂得化解的人，与人相处，有矛盾是难免的。这时候如果只是发生一些不轻不痒的指责，随着时间的推移，别人就会慢慢淡忘。但是，如果是触及灵魂的痛处，别人就会一直耿耿于怀，也就失去了和解的机会，因为这是对别人最大的伤害。

而生活中，人与人处于对立的状态，总是不好的状态。所以我们“邀千人之欢，不如息一人之怨”。

揭别人短处，容易引起别人更大的反击。两个人越骂越凶，最后发展成打架。就是因为触及他们的痛处，都把对方的缺点、不愿提起的短处骂出来了，从骂别人中让自己心里得到快感。而听到对方骂自己的话，又感到难受，所以又要想出更难听的话来骂对方，以求得自己心理的平衡。对方也是如此。所以，就骂得不可开交，最后付诸武力。其实最后伤害的还是自己。因为打架，打了别人要赔偿，自己被打是受苦。把别人的短处痛处、不愿提及的事情全部说了出来，对你有什么好处？其实一点好处都没有。但是别人把你的痛处说出来了，对你的损失影响是很大的，这种心灵的痛苦，是难以言说的。所以一个理智的人，一个聪明人，不会揭别人短处的。

所以，我们最好不要相互谩骂。如果实在忍不住，也不要揭别人的短处。因为这样，不仅伤害他人，最后还伤害了自己。

要做到这点，其实是不容易的。

首先，需要心态。

人凡是吵架，都认为自己是对的，都认为别人亏欠了自己，所以就吵个不停。这其实是一种心态不好的表现。一个具有良好心态的人，就生活在满足之中、感恩之中，就会整天法喜充满。看到的世界都是美好的世界，看的人生都是美好的人生。看的都是别人的对、自己的错。以这样的心态去生活，就是感恩世界、感恩社会、感恩他人，哪里还有什么不满和抱怨。以这样的心态生活，也就不会抱怨，不会和别人对骂，更不会去揭别人的短处，以求得自己的快乐。一时的生活靠心情，一世的生活靠心态。

其次，需要定力。

一个有定力的人，他的思想是很稳定的，他的人生是很温和的，他的态度是很柔软的，他内心是安静丰富的。这样的人，不会为外景所动，真正做到了“八风吹不动，端坐紫金台”。这样的人，不会为情所恼，也就不会去气别人、恨别人，更不会去骂别人，当然也不会去揭别人之短，以求得自己的快感。一个有定力的人，就是你打他骂他，刺激他的痛处，他也无动于衷。因为这是别人送给你的礼物，你不要，礼物还是别人自己的，所以对方就会自讨没趣。

再次，需要智慧。

有智慧的人，如果别人骂自己，他就会想，对方骂的是真的吗？如果是真的，我没必要发脾气，去反骂对方；如果不是真的，我更没必要去发怒，因为犯不着跟这种胡说八道的人发怒。如果被对方一刺激，你就跳起来，一个方面，发怒对自己不利，另一个方面，说明对方的指责是真的。所以，聪明的人不会发怒，更不会用更刺激的话去激怒对方，从而迎来对方更为激烈的责骂。他会想，一个好人说出的话总是好话，一个坏人嘴里说出来都是坏话。所以不用分辨，好坏自明。别人骂我，是在成就我的功德，我要笑脸相迎，我要感激对方。

骂人不揭短，懂得这个道理，能化解世间很多的矛盾，减少很多不必要的争斗。

2015 年 8 月 4 日

心静道自现

人生，是一个不断学道悟道的过程。

一个人若能真正静下心来，就能从日常的生活中，学到很多知识和本领。这其实就是学道悟道。

心静道自现。

人的心静下来的时候，内在的各种知识、本领就会全部浮现出来，也就是“神”的出现，精气神的“神”。而人对世界的认知和判断，很大程度上就靠这种“神”的活动。我们说这个高人有神通，其实是占有信息量大，就是知道的事情多，就能运筹帷幄，运用智慧的判断预测事情的走向，这就是所谓的神通。

我们看这世界，常常表现得像个不会认识事物的人，像个不会学习的人，因为精气神常常被外界吸引去了，表现为：这里咋样？那里咋样？叽叽喳喳一片，但内心没有反思，没有经过自己的消化，不清楚到底哪里好和哪里不好，也就是没有把外界的知识转化成自己的营养。而一个会看世界的人，会分析这个世界，会比较，会学习，总能从一个平凡的事情里，学到自己需要的知识，得到深刻的见解，建构合理的理论。一个会看世界的人，总是能从平凡的事情中学到不平凡的知识。这就是，把外界的精气神，都吸引到自己身上来，从而使自己不断地变强。而这需要一颗安静的心。因为一颗浮躁的心，不可能看见世界的美好，也不可能在平凡的事情中学到知识和本领。

我心安静，万物归我。一个人如果能常常处于安静的状态，他内在的智慧就会不断地生长，他的自性就会不断地得到开发，他与自然的相处就会处于最好的状态，他自己做事情就会很有条理，他就会自觉地抵制住社会的各种诱惑。“心静则智生，智生则事成”，其实就是说，在安静的情况下，人的智慧就会得到启迪，将智慧运用于做事，就会水到渠成。

当一个人的心不能安静的时候，这个人看世界都是动的，就好像我们用有色眼镜看世界，看到的世界就变了样。所有一切动的东西，最后都归于静。因为看到的都是动的世界，所以看到的就不是一个真实的世界，只可能是一种暂时的表象，一个片面的视角，而不是本真。因为看不到真实的世界，所以无法做出正确的判断，也就不能生发出做事的智慧。所以，要想看到整个真实世界，必须使自己的心变得异常平静。

当一个人的心安静的时候，就是和自然相通的时候。人生是一个小宇宙，宇宙是一场大人生。人生和宇宙是相通的。但是只有在安静的时候，人才能体会到这种相通的美妙。“人能常清静，天地悉皆归”，说的就是这种美妙。

当一个人的心安静的时候，实际上这个人就会得到休息。人的休息在某种程度上来说就是心的休息。一个会休息的人，才是一个会工作的人。一个安静的人，能让自己和外界处于平衡状态，他的内心会随时得到休息，总是充满着力量。

天地有天地的大道，道是不可说的。说出来就不是道了，而是理了。如同禅，是不可说的，所谓“在心为禅，在言为教”。

万物有道，四季有序。而这一切的道和序，需要有一颗安静的心去体会，去消化，去运用。如果没有一颗安静的心，就好像没有消化能力的人，即使吃下很多食物，最终还是没法转化为营养，反而坏了肠胃。所以要体会世界的美妙，必须有一颗安静的心。

也只有在安静的时候，才能不断地观照自己内心的各种杂念，对自己进行不断的精神过滤，使自己充满正能量。

心静是一种境界，而不是一种态度。一个人不是想安静就能安静的，需要不断地修炼，不断地提高，需要一个过程。心静是一种近乎得道的生活方式。一个人的心能安静下来，道自然而然就会从内心生发。力量和智慧就会油然而生。

2015 年 8 月 4 日

做人要知止、知足

小时候读到过一则寓言，现在想起来还是很有感触。故事说的是一个渔夫，在海边捕到一条金鱼。这条金鱼对他说："你放了我，我可以满足你所有的要求。"渔夫就放了它，渔夫的妻子开始提要求。第一个要求是，把家里的脸盆换成金的。当渔夫回到家里的时候，原来破旧的脸盆，换成了金光闪闪的脸盆。渔夫的妻子又想，房子太破旧了，最好房子也变成金的。渔夫到海边唤来了那条金鱼，提出了这个要求。不一会儿，他们家里的房屋也变成了闪闪的金房屋。渔夫的妻子又想，能有个用人多好啊！于是，渔夫又提出了这个要求。不一会儿，他们家里来了个用人。从此他们就可以再也不劳动了，过着衣来伸手饭来张口的生活。过了一段时间，渔夫的妻子又感觉这种生活很无聊，能做女皇多好啊！有这么多人听你指挥，想干什么就干什么，于是渔夫向那条金鱼提出这个要求。不一会儿，他们就实现了愿望，坐在金碧辉煌的大殿里，大臣们对他们前呼后拥，他们威风至极。又过了一段时间，渔夫的妻子想做海上的女霸王。于是，渔夫就到海边，提出了这个要求。金鱼听了以后，头也不回地游走了。当他回去的时候，家里的一切都回到了原来的样子，还是原来的旧脸盆、旧房屋。他又回到了原来以捕鱼为生的生活。

这虽然是个小故事，但里面却有大道理，就是人应该知止、知足。故事中的小金鱼出于报恩，满足了渔夫的许多要求，但是渔夫不满足，要求越来越多，越来越过分，最后竟然要求变成这条鱼，所以这条鱼游走了，他什么也得不到。

一个知道满足的人，就会拥有快乐的人生，他对世界是充满感恩之心的。他会认识到：自己所拥有的一切，其实都是社会给予的；所有的一切都是无常的，不必太在意得失；对欲望的过度追求，最终只会走向虚无。他会时时刻刻感受人生的快乐，感恩生活的点滴。在他的眼里，世界无时不美、无处不美，世界万物皆可美，世上人人皆可感恩。因此，他的人生是快乐的。

一个知道满足的人，拥有良好的心态。一天的生活靠心情，一生的生活靠心态。一个心态不好的人，即使拥有整个世界，也会抱怨世界太小，怎么就这么一点点大。一个心态良好的人，他会随时找到生活的乐趣，发现人生的美好。即使别人欺负他、污辱他、诽谤他，他也会把这种人看成自己的增上缘，把这种事看成促进自己成长的养料。知道满足是一种心态，知道停止是一种智慧。

万事皆有始终。如果把握住时机，知道适时停止，具体来说就是知道何时停止、如何停止，近乎得道。古代有一门学问，就叫作止学，主旨就是大智知止。人生如开车，不仅要踩油门，还需要踩刹车。只有知道什么时候踩油门、什么时候踩刹车的人，才是一个熟练的驾驶员。

人生也是如此，知道什么时候该进取、什么时候该停止的人，才是一个智慧的人。

万事都有个度，超过这个度，事物就会发生质变。最盛之时，其实也是走向衰落之时。花开得很圆满了，就意味着马上要凋零了。月亮，很圆满很圆满，马上就要缺下去了。往水桶里倒水，已经满了，再倒，就溢出去了。所以，擅画者留白，擅乐者希声。

一个知道如何停止的人，是个智慧的人。他知道对物质的追求永无止境，可能会越追求越累，最后可能还会迷失本心。人只有在精神上找到快乐，才能永久地快乐。所有的物质都是无常的，随时都会失去。所以建立在这个物质上的快乐，也只能是暂时的。拥有不如“用有”。我脚踩着大地，整个大地就是我的了。我头顶着天空，整个天空也是我的了。但即使你拥有，如果不会享受脚下的大地、头顶上的天空，那也只是名义上的拥有，而没有实际的意义。况且，你一旦拥有天空、拥有大地，你又要害怕失去，引来很大的麻烦。所以有些东西，还是没有的好。而且，世界属于会生活的人，而不是拥有的人。因为世界上最美好的事物都是共财，即世界所共有的。从这个意义上说，有时“用有”与拥有并没有本质的区别。

人要知止、知足。这样的人，才会一直快乐，一直幸福下去。

2015年8月7日

做学问要不知足

做人要知足，指的是物质上的满足。做事要知不足，指的是态度上的不满足，精益求精。做学问要不知足，指的是境界上的提高。

每个人都在追求属于自己的快乐。一个人的快乐与幸福，如果是建立在物质上，建立在对财富的拥有和追求上，则犹如海市蜃楼，看似富丽堂皇，实则虚无缥缈。人的快乐，只有建立在对精神的追求上，才是持久的。

一个人只有对学问永不知足，才能使自己的思维永远保持活跃状态，才能不断地激发生命的活力，才能使自己一直处于健康和快乐的状态。

一个人只有在不知足的情况下，才能够不断地学习。学习能够弥补智慧的缺陷，勤能补拙。不会学习的人，实际上就是个老人。一个不断学习的人，他就会一直处于年轻的状态，他的生命力一直是旺盛的，因为他的生命潜能被不断激发，他也始终处于快乐的状态。

一个在学问上不知足的人，他永远处于一种谦虚的状态。相反，一个在学问上已经知足的人，就觉得自己什么都懂，谁都不如自己，没有什么好学的。这样的人，不仅不会学习，而且在做事上，往往有一种居高临下、颐指气使的态度，都以导师的身份指使别人，容易引起别人的不满。人的心都是相通的，这样的态度缺乏的是对别人的尊重，自然不会赢得别人的尊重。

只有不知足，才会挤时间学习。只要愿挤，时间总是有的。如果态度是自己都感到满足了，学问已经很好了，肯定不会挤时间学习，也不会有新的进步、新的提高。相反，如果永不知足，只要有机会，就挤尽一切可以学习的时间来学习。而在点滴时间里学习知识，积少成多，聚沙成塔，从量变到质变。所以,会挤时间的人是会学习的人。

怎样发现学问的不足?方法有三。

其一,在学习中发现不足。

很多时候,通过学习,能够发现新的不足,就是平常说的“学然后知不足”。人的学问,如同一个圆形,我们涉猎得越广,表示学问的半径越大,面积越大,但是同外界接触的圆周也越长,这表示我们发现自己未知的东西也越多。如果学问不多,半径就小,面积也小,同外界接触的圆周也不够长,自己就容易成为井底之蛙。所以,要想发现自己学问上的不足,只有不断地学习。在学习中增长自己的见识,同时发现自己的不足。

其二,在思考中发现不足。

孔子说“学而不思则罔,思而不学则殆”,这说明学习总是和思考联系在一起的。我们学到新知识后,可能一思考,许多迷惑都出来了。消除这些迷惑,是对以往知识点的融会贯通,就是对其他知识点的思考分析。知识只有联系起来,成为系统,才能产生力量,服务于人类。任何星星点点的知识,对人类所起的作用,都是有限的。同时,多思考,也会发现自身学问的不足,才能有针对性地重新加以学习,从而不断地提高自己。如果死记硬背,不思考,就会走向迷惑。即使学得再多,也只是信息的机械堆砌,不是真正的“学会”。所以要思考,在思考中发现自己的各种不足。

其三,在做事中发现不足。

对一个有心人而言,他做事情能够发现很多不足,所谓“书到用时方恨少”。但一个人要想学习,万事万物都可以学习。世间一切皆可学。社会就是一所学校。我们在与人交谈中可以发现自己应变能力如何。我们在具体做事中可以发现自己动手能力如何。我们在行车过程中可以发现自己方向感如何。诸如此类,我们在每件事情中都可以发现自己的真实水平和不足。只要有心,随处可以发现自己的不足。知道不足,就知道了自己学习的下手处。

2015年8月12日

“心灵鸡汤”可为点心，但不可为主食

今天看到QQ群里很有意思的一条信息，故事是这样说的：

> 黄鼠狼在养鸡场的山崖边立了块碑，上面写着：“抛弃传统的禁锢吧。不勇敢地跳下去，你怎么知道自己不是一只鹰！”接下来黄鼠狼每天就在崖底吃着摔下来的鸡。

这个故事告诉我们，阅读所谓的“心灵鸡汤”需要智商，大多数鸡汤都是黄鼠狼炖的。

我起先不大懂，因为是讲“心灵鸡汤”，就又读了一遍，读到第三遍才豁然开朗，深觉其中确有道理。

现代社会，人们生活压力大，人的情感需要排解，这时候，作为简短明了，能触发内心共鸣，使压力得到释放的“心灵鸡汤”便应运而生。

“心灵鸡汤”的特点就是对励志和宽慰的话语加以浓缩和提炼，以比较简短的形式表现出来，使读者不用花很多时间去思考、去理解，便可使内心的痛苦和焦虑得到一定程度的稀释和缓解。

也因为这个特点，“心灵鸡汤”在现代社会广泛流行。

“心灵鸡汤”对于短时间内消除内心苦痛确有效果。但是，从长远来看，人还是要确立生命的方向，建立正确的人生观。好比一个人，要有强健的身体，绝不能光靠吃补药，应该从根本上去强健自己的体魄。补药是补不出运动员的，同样“心灵鸡汤”是喝不出一个完美人生的。

这就好比一棵树营养不良，我们就在上面拼命地施肥，却不知根部下面全是石子，连生长的土壤都没有。这个时候，拼命加营养，可能会得一时的生长，但欲使其真正茁壮成长，还要从深处筑牢根基。

“抛弃传统的禁锢吧。不勇敢地跳下去，你怎么知道自己不是一只鹰！”这话本身并没有错，因为很多时候，只有走过了，尝试过了，才知道前面有没有路。但每一样事情讲求的都是一个度，这个时候需要智慧的考量。如果前方不是悬崖，是可以尝试的。如果自己是一只麻雀或者会飞的禽类，也是可以的。

“心灵鸡汤”也一样，不同时空有不同理解。比如有一句话叫作“进攻是最好的防守”，本意是在实力相差不是很大的情况下所采取的一种防守手段。但是如果相差很大，十分弱小，根本不堪一击，去进攻，只会加速灭亡。这个时候，应该采取其他的办法，如借力、求和、逃跑、加快发展等，而不应该去进攻。

人都是痛苦的，因为有欲望，因为看不透。正确的解脱之道应该是多读书，以智慧解脱。“心灵鸡汤”是一杯茶，而智慧则是一片茶园。智慧无烦恼。一个智慧的人也是看透、看懂、看清世事的人。

“心灵鸡汤”可解一时之烦恼，但真正的解脱还要靠智慧的提升。

“心灵鸡汤”可为点心，但不可为主食。如为主食，人生则可能走向更大的迷茫，因为它只能让人知其然而不知其所以然。要想提升自己的人生境界，必须有系统地阅读。

2015 年 5 月 28 日

我开始发呆

也不知从什么时候起，我开始发呆。

有时比较累，又不想打坐，因为打坐是在精力充沛的时候打的，不是要休息，而是一种精进。这个时候，就一个人坐在沙发上，闭上眼睛，不是睡觉，而是发呆，想一些平时想不通的事情，或许因缘际会的一刹那，就会顿悟。

有时候，朋友小聚，我推脱不掉，听着别人高谈阔论，我就开始发呆了。在酒桌上，我好像梦游一样，可以从菜的味道想起，想到人的口味不同，想到人性的差别，想到人相貌的差别，想到性格与饮食的联系，想到怎么做菜，想到一盆菜，就把我们和整个世界联系在一起，等等。在别人高谈阔论的时候，我可能想到另外一个世界，一个并非眼前的世界。因此，不论在哪里，我内心都是很安静的。许多的时间，看似浪费，其实收获不少。就是在别人眼里，有点傻。

有时在车站里等车，也是一件好事。车站是交通枢纽，在这里可以看到人间百态。面对来来往往的人，我会想：你们从哪里来，到哪里去？为什么到那里去？是不是熙熙攘攘，皆为利往？面对长江上来来往往的船只，乾隆皇帝问高僧法磐：他们干什么去？法磐回答说：为两件事情，一件是名，一件是利。是啊！即使是智者，名利也是要到最后才能摆脱的桎梏。所以对于追求名利，我们不能以过分指责。名利可求，但不可强求，要顺缘而不能攀缘。

开始发呆，我认为，倒是一件好事，是一种自己的思考方式。但是，对于工作而言,就不是好事情了——开始发呆了,往往容易身心分离,手脚失调。

发呆,表面看是麻木,其实却是灵魂的热闹。我认为,发呆于我而言,具有以下作用。

其一,这是与世界相处的方式。

我们与世界相处可以很热闹,也可以很冷静,发呆就是冷静的一种方式。一个人,如果缺少交往的能力,那是一种缺陷。但是如果缺少独处的能力,缺少发呆,那是一种灾难。一个人整天嘻嘻哈哈忙于应酬,其实灵魂是非常孤独的。同样,一个人享受独处,可能恰恰是灵魂的热闹。发呆就是这么一种身体孤独、灵魂热闹的与世界相处的方式。与世界的这种相处方式,可以使自己内心不断地得到净化,不断得到升华,使自己身心与世界达成共识,达到和谐的状态。

其二,这是利用时间的方式。

一件事情只要你在乎,就有时间去实践它,因为你可以千方百计地利用一切可以利用的时间,这个利用时间的潜力是很大的。如果你不在乎,其实干什么都没有时间。发呆是利用时间的一种很好的方式。人生离不开等待。如何利用等待的时间,对一个人的成就非常重要。会利用时间的人,积少成多,也会做成一些事情。不会利用时间的人,越等越烦躁,还会生出许多事情来。如星云大师,就在等飞机、等汽车的时间写作。所以,他自己也说,已经活了三百岁。这说明对时间利用得好

在等待的时间里,如果能看书最好。如果没有书,发呆思考也是不错的选择。对某个问题,在正反两方面,多角度地思考,深入思考,也是很有必要的。

其三,这是思考人生的方式。

我们无论干什么事情,如果直奔目的,很可能会错失沿途的很多乐趣。曾有人说,未经审察的人生没有乐趣。我的理解是,人生的乐趣来自于思考。一个不会思考的人,是很难了解人生的真谛的,也是体会不到深层次的快乐的。

我们观察世界,可以通过肉眼看,但更多的是用心眼看。肉眼看到的毕

竟有限，但是心眼看到的是无穷。一个人，定力越强，修行层次越高，他的心眼就越清亮，用心看世界也看得越清楚。如面对车站，我们可能就只看到黑压压的人群，就只看到车站的进口和出口。但是如果坐下来仔细看，就会发现每个人都神态各异，每个人都是独立的个体。如果用心去看，就能看到每个人背后的故事，看到他们的所思所想，以及看到背后的大道。

发呆，是安静地思考，是自己与世界的相处方式。只有发呆，才能看清这个世界，看到用肉眼看不到的世界。

2015 年 6 月 3 日

真正的大师都是孤独的

人们常把在某方面有突出成绩，对人类贡献巨大，并且品德高尚者称为大师。

时代都需要大师，时代也会产生大师。这些大师，实际上是时代精神的一个符号和象征。

想成为大师首先需要渊博的学识，需要付出常人所无法想象的努力。当然，记取之学不足成大师。换句话说，如果单单是记住前人的思想，无法运用，最多只能是有学问的人，成不了大师。因为知识可以买卖，而智慧是无法买卖的，需要内化而成。

一个人如果没有切身体悟，那么，即使读了很多的书，最多也只不过是别人思想的跑马场而已。是在读药方，而不是吃药。读药方，虽然知道怎样治自己的病，但是永远也治不了病，因为没有付诸实践。

有些人学写诗，格律、押韵、对仗都很工整，但是读起来就是缺少美感和意蕴。而另一些人，可能没有学过几天，可以说格律、押韵、对仗都不懂，但是，诗里面可能某一个字就意蕴全出，境界全不一样。

所以能不能成为大师，除了努力外，还和一个人的悟性有密切的关系。如果一个人的天赋有限，即使再努力，也只能成为一个名家。在其专业领域的造诣，到一定程度后就上不去了。而一个有悟性的人，在读了许多书之后，自然各方面就通了起来，就可能会成为大师。但一个人，悟性再高，如果不去读书，不去思考，最终也是成不了大师的。

能不能成为大师，还和时代有关。古之学者言之为己，为了提高自己的心性,“因心以会道”。比如,梁漱溟在日寇飞机的轰炸之下,还在院子里安静地思考人生的哲学与意义。而今天的学者做学问多是为了“凭誉以显扬”,治学多显浮躁,自然成就不了大师。

今天这个时代,是所谓“大师”最多的时代,也是“大师”最廉价的时代。“大师”大多是速成的。可能某一领域,入门几个星期,连基本套路都不知的人,马上就能成为“大师”。因为“大师”是和经济利益密切相关的,成了大师,后面就会有很多的追随者,以至于今天,“大师”几乎沦落为“骗子”的代名词,这是时代的悲哀。

要成为大师,就要忍受常人所不能忍受的孤独。因为大师的思想水平和道德高度都是常人所不及的。他们的思想大多是深刻而超前的,所以他们往往都被其所在时代所不能理解。

孤独有两种,一种是空虚的孤独,另一种是充实的、和谐的孤独。我们要追求后者。另一方面,一个人如果身体的孤独和灵魂的孤独能够合拍,那倒是件好事。

独居并不代表着孤独;前拥后簇并不代表着不孤独。

所有的热闹,最后都归结于安静。所有的热闹,都要用孤独来偿还。一个人在动中,影影绰绰,是看不清世界的,只有当静下心来时,将自身小宇宙的能量都集中起来的时候,才能清晰地看清世界,并享受世界的美好。心静则智生,智生则事成。所以,要成为真正的大师,就要心静。所以做学问最怕的就是热闹。

可以这样说,每一个事业有成的人,都要经受某种程度的孤独。有大孤独才有大成功。水到绝处成飞瀑,人到绝处是重生。要想大成功,先忍大孤独。

真正的大师都是孤独的。

大师忍受了孤独。

孤独成就了大师。

孤独是一种境界。

2015年6月9日

每个人都是一株妙法莲花

每个人的面相都是不同的，就是再接近，也只有相似，并没有完全相同的。但是，人的最大差别不在于身，而在于心。所谓身是小宇宙，心是大宇宙。人心的千差万别，才是人与人之间最大的差别。

每个人都是一朵花，只不过花期不同，开放的早迟不同，花期亦不同，灿烂的程度也不同。有的花开得朴素，有的花开得灿烂；有的花香气扑鼻，有的花香味淡雅。这都是花本性不同的表现，也是生命自性特点的表现。

人如果找到了自性，适合自己的潜能，每个人都可以很优秀，都会开放得无比灿烂。并且每个人都有自己的特性，如果找到这个特性，并不断地努力，一以贯之地努力，他的才华就能如花朵般开放得无比灿烂。所以每个人都是一株妙法莲花。莲花是花之极品，因为其香，因为其洁，因为其美。佛祖释迦牟尼在最后八年时间用来教化世人的经典，就是《妙法莲花经》。

无论什么人，总会对某事物感兴趣。如果他们在这方面持续不断地努力，把心思都集中在这一个点上，就会爆发出无穷的能量。简言之，若心能归一，则事无不可。那么他们都成了妙法莲花。所以有些人，虽然智力平常，但是因为努力，因为持之以恒的努力，做出了非凡的贡献，生命之花开得无比灿烂。而相比之下，有些人虽然智商很高，但是因为做啥事都不上心，所以啥都干不好，最终一事无成，辜负了这宝贵的生命之花。

每个人，都可能成为一株妙法莲花，但需要一个过程，需要一个复杂且痛苦的过程。这个过程包含以下几个因素。

其一，要善于发现自己的优势。

自己是适合于动手的还是适合于动脑的？自己是情商高还是智商高？自己是偏感性思维还是偏理性思维？自己是偏抽象思维还是偏形象思维？人的许多优势都是自己持续不断地经营注意力才被发现的。我们要善于发现自己没有被挖掘的优势。

如有些人逻辑比较严密，但不善于表达，或者不喜欢表达。这样的人就不是很适合演讲，比较适合写稿子。

而有些人，动手能力特别强，什么电脑之类的，都能拆卸并组装，把结构和原理搞得一清二楚。这样的人，搞一些工程设计比较合适。因为他们的自性，在于动手，在于创造。

所以，人要抓住自性，并不断加以努力，才能开花结果。

其二，一以贯之地经营注意力。

世上的事情，大致可以分为三类，分别是：肯定能成的，肯定不能成的，也可能成也有可能不成的。大多数事情都是第三类。但是我们要知道，自助者天助之。当一个人持续不断地经营自己的心念，关于他的各种因缘，各种有利的因缘，也会纷至沓来。当专心做一些事情的时候，尤其是做一件自己喜欢的事情的时候，再苦再累，也要熬下去。每个成功人士，在成功之前总要度过一段默默无闻的艰苦寂寞的时光。恰恰是这段时光，使他的知识学问得到很大的提高，使他的灵性得到很好的开发，生命也由此得以提升。

其三，善于运用知识。

知识与能力是两码事。一个人有知识，并不等于有能力。知识不是力量，对知识的运用才是力量。一个人的知识，如果不运用于社会，使更多的人得到教益，受到启发，或者得到幸福，这样的知识，从本质上说，与石头、与草木无异。所以，我们经世还要致用，把知识运用起来，有利于社会。这才是自我价值的不断实现。

只要持续不断地经营自己的注意力，每个人都是一株妙法莲花。

2015年9月6日

事情都是渐变的

天气热了，原来穿的布鞋，也换成了凉鞋。首先是在家里穿凉鞋，后来为了方便，上班也穿凉鞋。起先还有些尴尬，认为穿凉鞋上班，不能说是违纪，但总是不文明的行为，内心总有点不自在。但是几次下来，也就习惯了。所以除了有重要的会议，几乎天天穿凉鞋上班。

因为家里有事，有好几次早退。次数多了，也就习惯了，也就适应了。有好几次甚至下午上班都不想去，但是，仔细一想，不去上班肯定不行。所以就算本单位没有什么事，我还是从最西边跑到最东边，前来上班。

穿着凉鞋上班，最多只是个不自在。但是下午不来上班，就是一个原则性问题，是一个纪律问题。万事万物都有法则，法则不能破坏，所以，在原则问题上，是不能退让的。如果一直退让下去，就是上午也不来上班了，就是一直不来上班了。作为组织中的一员，守纪律永远是第一位的。

其实腐败也是如此。一个人不可能一出生就是巨贪，总有一个一步步走向巨贪的过程。可能从一开始的一支烟、一包烟、一条烟、一箱烟，逐渐走向收现金，最后走向彻底的堕落。如果我们能从一开始就守住底线，时时自律，就不会出现这样的堕落。

我们如果思想防线一放松，可能就是从小事情开始，一步一步走向堕落。这里有一个从量变到质变的过程。千里之堤，溃于蚁穴。一个小小的蚂蚁洞，可以毁掉千里的大堤，这就是一个从渐变到突变的过程。我们一般人不理解，还以为这是突变，而突变只是质变到量变的表现形式。

世界万物，变是常态。永恒就是常变。世界的变，都是渐变的。掌握这个规律，我们可以看清很多事物，同时也可以提升自己为人处世的能力和境界。

首先要慎于始。

在事情开始的时候，我们就应该考虑再三。这件事情合不合常规，守不守纪律，有没有违背法律，有没有违背道德，有没有违背自己的良心。如果违背了这些，我们最好就不要做了。因为做下去，小则个人名誉受到损失，大则可能危害他人、危害社会。一个人的行为对国家、对社会造成损失，即使不受到法律的制裁，内心也会不安一辈子。这种不安会时刻抽打自己的内心，也就是良心的谴责。所以对于这类事情，一开始，就要断然拒绝。这也就是“凡夫畏果，菩萨畏因”的道理。智者能够从细小的事情上发现可能引起的变化，从而加以克制。凡夫看不到因，看不到事物的变化，只是在不好的结果出现以后才手忙脚乱。

其次要思于中。

当事情进展到一定程度时，我们要反思。这便是常态——好的开始并不表示事情一定会往好的方向发展，也有可能走向反面。理本身也是常变的，因为时势是发展变化的。如新中国成立初期，如果有浓烟滚滚的工厂，那就是发展了。在那个时候，是很正确的。但从今天的眼光来看，污染太大了。所以现在要整治环境。这也就是说，我们的思想要与时俱进。

再者要虑于后。

修行是点滴的功夫，是不断改正自己缺点的过程。是在动中修，一步一步、一点一点修，不可能一下子就把所有的缺点都改正完毕，让自己成为完人。我们人只有在碰到事情时，才会发现自己的不足，才能不断地加以改正，从而使自己的人格、自己的人生不断趋于完美。所以每件事情过后，我们都应该反思：这件事情我在哪些方面做得不对？应该怎样加以改正？这件事情我还可不可以做得更好？这件事情对社会造成多大的影响，传播的是正能量还是负能量？如果是正能量，又会造成多大的影响？如果是负能量，应该如何制止它的传播扩大？这就是总结、提高、修炼。

世界万物看似突变，其实渐变。认识这个道理，对我们的人生，是大有益处的。因为我们可以从源头上制止错误的发生,也可以从中途改变,也可以在事情过后,加以反思、总结和提高,从而使我们的双脚走在正途上。

2015 年 8 月 5 日

学习佛教文化带来的改变

我自2005年开始学习佛教文化。其中2013年6月至2015年6月，两年时间在椒江。这两年时间里，很有一种真正的出家的感觉。

学佛就是改变，对自己的改变，对人生态度的改变，对生活方式的改变。回顾学习佛教文化10年，尤其是"出家"的两年，感觉自己真的改变了很多。

第一，生活方式的改变。

以前也在学习，学习传统文化，但是没有将其作为生活的方式，只是作为一种文化在研究。生活很不规律，有时候学习到晚上很晚，有时候整天不看书，总没有形成一种行为的规范，约束到某个点上，形成集中的精力，因此心总是散的。学习佛教文化10年，尤其是在椒江2年，使我形成了一个良好的生活方式——早起早睡。每天早上，早早起床，开始一天的功课。而晚上如果没有特殊的情况，11点之前就睡觉了。并且长期坚持，形成习惯，我一点也不会感到累。习惯成自然，每天实践这种良好的生活方式，使我每天的生活都井井有条。有时候有很多事情，也是忙而不乱，每天都是法喜充满。

第二，处世方式的改变。

会反思的人都是"行年五十而知四十九之非"。现在想起来，以前的有些想法是极端的，根本没懂佛教文化精义，更谈不上运用。看事物要么就是黑要么就是白，根本就没灰色地带。并且认为好人就什么都好，坏人就什么都坏，所以见到所谓的坏人就避而远之，而对所谓的好人，则是主动交往，甚至可以原谅他们很多的过错。

学习佛教文化以后，看到中道的重要性。尤其是学习天台宗三谛圆融后，我在认识上发生了很大的改变。由于立场不同，观点就不同，在其位谋其政，世界上完全可以同时存在两种不同的标准。除违法犯罪外，所谓的是非好坏其实都是各人内心的化现而已，有时并没有绝对的标准。此外，坏人也有好的一面，好人也有坏的一面，人性是极其复杂的。因此，我们应该“做人求同，做事求异”。也就是说，在做人、待人方面，应该求得一个和，但是做事情应该有自己的见解、自己的看法。

凡事能够达到中道，即近乎佛性。

第三，看世界眼光的改变。

世事错综复杂，我们看到的往往只是表象。学佛以后，我们试着探索事物更深的层面。每件事情都是有因、有缘、有果，我们看到的往往都只是结果。实际上，解决问题，我们可以从因上去解决、从缘上去解决，看到问题的根源所在，而不是纠结于果。这样看问题，往往看得比较远、比较深、比较透，所谓“凡夫畏果，菩萨畏因”。凡事只有从因上去解决，才能得到彻底解决。相同地，要提高自我，应该从自心去找找原因，从自身去改变，才能得到真正改变。如果自己不想改变，再多的外力也不会促使自己真正地成长。

第四，看他人眼光的改变。

学会包容，因为世界的每一件事都是有原因的。对于有些事情，我们或许直接就能看到原因，而对于另一些事情，我们看不到原因。但是看不到不等于原因不存在。如果能够直接看到一件事的前因后果，大家一般都会表示理解。但对于一些看似荒诞、不可思议或不能容忍的事情，如果能够有耐心、有洞察力，去挖掘前因后果，去表示理解，则是很难做到的。就像冰雪融化了，有些人只看到了水，也有些人就看到了春天，看到了希望。

其实如果真正走进每个人的心里，就会发现每个人都需要被理解和爱。这就需要我们以无比宽广的心胸，去包容一切、接受一切。当你真正走进一个人的内心的时候，会发现每个人都有其可爱的一面。正如台湾的证严法师说，没有不能接受的一切，没有不能改变的一切，没有不能被爱的一切。这是需要何等宽广的心胸和强大的气场啊！

第五，内在力量的改变。

人的眼光都是有局限性的。世界很大，我们能看到的毕竟有限。以前，别人如果批评我，批评多了，就要生气。其实，这是内心不够强大的表现，也是自卑的一种表现。如果内心足够强大，就会考虑：他说的是对的吗？如果是对的，我就应该改正。如果不对，恰恰是给自己的一个提醒。因为对方会想到这个问题，也就说明这是个容易犯的错误，所以自己无论如何应该好好地感谢对方。世界上没有完人，没有人会不犯错误。批评，是促使自己成长的逆增上缘。

同时自己内心也要经常忏悔。如果谁说谁的坏话，不要插嘴，更不要附和，也不要反驳，只是一笑而过。万一说了不该说的话，应该马上忏悔。这样不断忏悔，不断改进，自己的修行力就会一步一步提高。修行就是这么一个逐步改变自己的过程，同时也是一个使自己的内在力量不断强大的过程，一个人生境界不断提高的过程。

第六，心的状态的改变。

幸福就是心的满足。没学佛之前，心总是动的，可以说随时都在攀缘。因为心动，所以没有定力。因此，内心的力量还不够强大的，智慧的开发也是有限的。学习佛教文化以后，尤其是经过两年的实修以后，心非常安静，即使身子是动的。比如，在喧嚣的世界，人心浮动，我可以一个人安静地坐在一隅，思考各种人生问题。思考多了，很多问题就通了，也就有力量了。所以无论到哪里，不说很多的话，但自己一直在思考，在观察并且不时地制造一些对话，提出一些问题，这样就可以随时随地学到很多的东西，所谓“心静则智生，智生则事成”。

第七，生命的状态的改变。

以前看世界、看世事总有那么多的不顺心。不顺心的事情多了，就产生了烦恼，就会很烦躁，就会发脾气。学习佛教文化就是改脾气。如果学佛学了几年，脾气依然改不掉，依然烦恼重重，脾气暴躁，那肯定是学不得法。因为学佛后，我们可以看到更宽广的世界。如果一个人把自己的事情放在这么个大环境中去考虑，就会感到这是多么的无足轻重，就会将自身抽离出来，以平静的心态去看待、去处理，从而不断地提高自性，生命的状态也就会不断地得到提升,自我价值也就会不断地得到体现。

2015 年 7 月 14 日

学会从因上分析事情

有草必有根，有事必有因。

要解决一件事情，我们可以从因上去解决，可以从缘上去解决，也可以从果上去解决。因是内在本质的东西，缘是附加的条件，果是外层的表面的东西。但是，我们只有找到因，才能看清事物的本质，才能彻底地解决问题。

比如一棵有毒的树，要消灭它的果实，不让它们被人吃到，我们可以直接把果实摘掉，这是从果上去解决，是不彻底的；也可以把果树锯掉，明年长不出，后年可能就长出新芽来，这是从缘上解决，也是不彻底的；也可从因上解决，就是把树的根挖掉，这样就从根本上解决问题了，就再也不会结出有毒的果实了。

如果我们从因上分析事物，对待任何事物就会都有独到的眼光，如往往能看到事物的本质。一个人如果老是抱怨别人对你不好，抱怨周围对你的不公，仿佛全世界都欠了你的，那么，其实最应该反思的是你自己。一个人怎样看世界，世界就会以怎样的态度看他。最终的因还是在自己身上。只有自己认识到这一点，从而改变，自己的境遇甚至命运才会有所改变，否则只会恶性循环。

从因上分析事情，自己就会变强大。当我们找到事情的原因时，我们就会打开很多的思路，就会看开很多的事情，就会化解很多的烦恼，人生就会快乐许多。比如思考别人为啥这样对自己，如果不从自身找原因，就会想不开，就会不断纠结，就容易斤斤计较，从而变得无比弱小。所以要自省：原来别人这样待我，也是有原因的，原来我的话也伤害了他，原来首先是我做得不对，所以首先应该改正的是我，而不是对方，所以我首先应该向对方道个歉，把话说清楚，说明自己也只是无心之过，尽可能得到别人的谅解。

世界上的事错综复杂，因缘万变。我们许多时候是看不到一件事什么是因，什么是缘的，只能看到结果，只知道自己很痛苦，解脱不出来。世事是缘中有因，因中有缘，所谓“因为果海，果彻因源”。这个时候，我们应该不断地观察与思考，试图去洞察事情的本质。当你静下心来不断思考时，你就会抽丝剥茧，发现结果背后的因。同样，人要一日三省吾身，就会发现，原来自己缺点多多，陋习不少。而这些缺点，就好像沙漏一样把自己的福运漏掉了，所以自己应该通过修行改正自己的缺点，也就是改变命运的过程。这是修行的下手处。修行是改命的开始，也好似智慧的起步。

我开始从原因上分析事情，试图找到每件事情的前因后果，内心就变得无比平静。心里的欢乐之气、对社会的感恩之心就油然而生。历史风诡云谲，而在人生这个舞台上，每个人都在演绎着不同的角色，或真或假，变化莫测。我们无法看清，无法抓住，但是我们可以有平和的心，演好自己的人生大戏，不失本真，不失自我地演，按角色做事，按本色做人。

2015 年 7 月 26 日

万事随缘一本经

“千载难逢一泰斗，万事随缘一本经”，这是电视剧《百年虚云》主题曲里的一句。

这是对虚云一生的历史地位的评价和为人处世艺术的最高评价。我认为这也是恰如其分的评价。

随缘不是随便，是对事情经过上努力、结果上不执着，因为随缘者知道，“万法相互缘起，世事不可强求”。我们作为普通人，能做的只有在因上努力，至于能结怎样的果，那是各方因缘聚合而成。尽人事是自己能把握的，而成不成则看天意、看缘分。

万事随缘至少包含如下意思。

其一，对事情尽心尽力。

随缘的前提是尽力去做事情，但是对结果不执着。如果做事不尽力，而对结果也不执着，那不是随缘，那是随便。随缘是一种积极的人生观，但是随便就是一种消极的不奋斗的人生观。一字之差，境界全不同。

当然，随缘者做事情也是用智慧做的，不是用蛮力做，或明知不可为而为之。

其二，对结果不执着。

付出努力了，就希望得到好的结果，这是人的本能，实在无可厚非。但是作为学道者，知道因果关系是基本修养，但更应知道不是种下因就能产生果的，还需要各种各样的缘具备。缘千丝万缕，而且千变万化，不是我们都能掌控的，所以我们万事都做“最好的准备，最坏的打算”，只有这样，才能天天高兴。这样，就真正做到得失随缘了。

其三，对后果要放下。

拿得起是一种能力，放得下是一种智慧。一个拿不起的人是没有能力的，但是一个拿得起而放不下的人是缺乏智慧的。后者做人是很累的。世界很大，属于个人的终究有限。其实，只有放下才能得到更多，因为如果一件事过去了，还一直放不下，也就影响做其他事情的心态和效率。

所以随缘是一种大智慧。而万事随缘则唯有大彻大悟者能做到，是一种世事看透心了然的从容与淡定，是一种功成不必在我的大智大勇和气度。

人要做到随缘是很难的。

一个人要做到万事随缘，需要不断学习提高做人做事的能力，需要不断实修提高自己的定力。这个定力，需要我们不断地在实践中去修。“纸上得来终觉浅”，如果单从书本上学，就好像看见对面一座山，我们知道怎样走怎样走，但是只能是理论上的，于自己受益不大，又好像是医生在告诉病人要怎样吃药，但是药还是要病人自己吃。

所以要做到万事随缘，还要一步一步地去修，通过修逐步提高自己的智慧力。

万事随缘一本经。

此路需经一生修。

2015 年 6 月 15 日

“无志者”常立志

人与动物有区别，其中一个重要方面就是人有自己的志向。志向表现为目标的长远性、行为的主动性与做事的计划性。

所以说，“志者，心之所主”，就是说志向是属于有心的人。

心人人都有，不过它有三个所指：肉团心指自然的心，人人具有；缘起心，一般的人也有；集起心，只有意志坚定的人才有。

一个有着远大志向的人往往是不在乎一时得与失的人。像战国时的勾践，吃尽了苦，但是没有忘记复国的重任。像韩信，甘受胯下之辱，看起来好像是没有志气的，但是实际上，正是能屈能伸的表现。

真正有志向的人对目标是坚定不移的。为了实现目标，他们可以忍受常人所不能忍受的痛苦，可以克服前进道路上的一切困难。

有一句话用在真正有目标的人身上是合适的，就是如果你有了目标，全世界都会为你让路。

因为当你有了目标的时候，你的心随时都在思考，比如怎样调动自身的一切有利力量去克服困难。而人的潜力都是无穷的，只要你去挖掘，只要你去改变，只要你制心一处。

所以，真正有志者立长志。

而有这么一部分人，他们的特征是经常立志，甚至天天立志。如我小时候天天立志要好好学习，要听老师的话。结果一到上课，就感到无聊之极，还是觉得外面的世界精彩，就想逃课，逃了又后悔，就又立志痛改前非。

如我以前是很爱睡懒觉的，几乎天天早上睡懒觉，但也几乎每天都立志——明天要早点起床。但是到了第二天早上，早把昨天的志向忘得一干二净，继续睡自己的懒觉。就这样天天立志，表面看起来好像很有志向，但其实只是“明日复明日，明日何其多”，等同于没有志向。

为啥？因为实现志向的过程是艰巨的，要克服很多困难。克服就是改变，而人要改变已有的方式是很难的。忍受不了，怕苦怕难，就放弃了志向，其实说穿了就是没有志向。

其实怕苦怕难就是没有意志力的表现，就是没有恒心的表现，就是内心不够强大的表现，就是自信心不足的表现。

与天天立志者相对的，就是一些“无志者”。他们将目标牢记于心，而不是挂在嘴边，每日为之奋斗，所以说“无志者”常立志。

一个人要想有所作为，一定要有志向，并且必须坚持。

年轻人不应该常立志，而应该立长志。

2015 年 6 月 22 日

人生应学会“化城”

“化城”一词出自《法华经》第七品“化城喻品”。经中说众生经过五百由旬的险难之道，路上没有人烟，非常恐怖。有一个聪明的导师，为了让众人能够顺利走过险道，于是对大家说：“你们不要害怕，更不要后退，前面有座大城，可到里面休息，如果能够进入这座城，就能够安稳快乐。”这时众多疲劳之人心生欢喜，感叹说：“我们马上就可以远离恶道，得到安稳快乐。”这些人于是便进入这座化城，想象着自己将得到安稳快乐，感到无比喜悦。

导师知道众人已经得到止息，不会疲倦，就去除化城，对众生说：“你们今来，宝处不远，这座城市是我变化而成，为让你们休息一会儿。”

这段比喻主要针对小乘圣者而说。小乘圣者贪图进入涅槃境界，一旦进入后就不想离开。岂知真正的宝藏还在遥远的地方，而这座让休息者暂时歇脚的城市只是幻化出的假象，在里面休息完后，小乘圣者还要继续赶路，走向人生更高的境界，完成更大的任务。

在这里，在导师所化的这座城里，众生可以得到休息，是人生的加油站。但是又不能满足于此，还要有更大的目标，去寻求更大的宝藏。如果仅仅满足于居住在这座虚拟的城市，就是小境界。“化城”的目的是实现大的境界。

人生为了目标的实现，需要“化城”。不管是有形的还是无形的，思想上要“化城”，行为上要“化城”。“化城”是休息，是增加体力，是调整思路，是不断学习以增加智能，但最终的目的是实现目标。

在田里锄地，筋疲力尽，但是还没锄完。这个时候，我在田头随便坐了一下，眯了眼睛，啥都不去想。一会儿以后，体力已恢复了，又开始劳作，锄完了地，然后回家了。在这里，锄完地就是寻找宝藏，眯着眼睛休息就是“化城”。休息的最终目的，是增加体力，把地锄完，而不是一直休息下去。如果不休息，筋疲力尽，最终半途而废，没有达成目标就回家了。如果一直休息下去，更锄不了地。只有既休息好，恢复体力，又始终将目标记在心里，休息完后立刻继续奋斗，才能实现目标。

所以，适当的休息，也是一种精进。会工作的人，也是会休息的人。一些会创造发明的人，肯定也是抓住一切时机，让自己的身心得到休息。因为只有在精力充沛的情况下，人才能将自己的能力发挥得淋漓尽致。但人如果一味休息，永远休息，停止前进的步伐，就变成了懒惰的庸人。只有让奋斗与休息两者达到和合的境界，才能最终实现任务。

小时候赶路，路途很是遥远。到了差不多走不动的时候，我就到所谓的路廊坐下休息。在有的路廊里，还有人为我们提供茶水，我们的体力得到补充，就好像汽车加了油一样，可以重新上路，到达指定的地点。在这里，这个路廊就是一座化城。

我们要不断积累知识、积累经验，提高我们做事做人的本领、解决问题的能力，不断增强自己的幸福感。在人生里幻化出一座一座供学习的城市，经过它们，不断提高自我的灵性，以无限接近完美的自我。

化城需要目标。人生不能没目标，如果没有目标，那不叫路，不叫人生，那是荒漠。小时候赶路，目的地是目标，我把地里的草除完也是目标，不断提高人的知识水平和做事能力也是目标。人生就是由一系列目标组成的。没有目标，也无须幻化出供自己调整、休息与学习的城市。化城，其实也是一步步分解任务，天下大事必作于细。任何难题都是由一件件细小的事组成的。一个会做事的人，总是把大事不断地分解，分解为一件件小事，也就是建立一座一座的化城，最终圆满地完成任务，实现目标。

化城需要信心。因为我们有走完这段路的信心，所以一直朝着这个方向走，所以中间才有化城。如本来就没有信心，也就无所谓休息不休息。有了信心才有化城，化城只是实现自己事业的一种方式。

化城需要智慧。人生是个不断竞争的过程，不是赢在起点上，而是赢在转折点上。而转折点一般出现在化城之后。不会转弯的人永远走不远。什么时候化城，化城到什么程度，什么时候停止化城，都是一种智慧的体现。如何做到恰到好处，就是一种智慧。

人生需要学会化城。学会化城，可以提高效率，可以化解矛盾，可以圆满人生。

2015年7月29日

度化亲人最难

在《法华经》中，佛祖在最后才给阿难和罗睺罗授记。授阿难为山海慧自在通王佛，罗睺罗为蹈七宝华如来。阿难是佛的堂弟，罗睺罗是佛祖出家前的孩子，都是佛祖最亲近的人，却在最后才给予授记。这其实是有原因的，同时也说明了度化亲人是最难的。

度化亲人难，难在距离。人的美，人的力量，来自于距离。欲要打拳，必先收拳。由于距离感，才产生美感。而家里人，整天生活在一起，也会有喜怒哀乐，也会吃喝撒拉，有时也会开玩笑，心中那种恭敬感就消失了。而一个人如果没有恭敬感，是不可能受到教化的。没有臣服就没有点化。只有心中装着对无上甚深微妙法、百千万劫难遭遇、我今见闻得受持、愿解如来真实义的无限恭敬之心，才能消除近距离所产生的熟视无睹感。因为正是这种近距离，才使美感消失。这也是为什么一些伟人在他生活的时代，几乎都是不被接受的，都很孤独。这也是墙里开花墙外香的原因。

度化亲人难，难在感情。人是感情的动物。度化人需要方法，需要对机的方式。而亲人之间，即使知道这是对机的方式，也会因为感情而无法实施。如教育孩子，我们明知要培养孩子的独立思考能力，要放手，过度的宠爱只会害孩子，但是，一碰到事情，就怕出事，怕意外，所以一直无法放手。这实际上是削弱孩子的自我动手能力，对孩子的成长是极为不利的。这也是为什么有些教育专家四处讲课，理论很有一套，但是自己的孩子却很不成器。在感情面前，一切的大道理，一切的看起来坚如磐石的所谓规矩，都会土崩瓦解。

度化亲人难，难在习惯。人是习惯的动物。行为实际上是受习惯支配的。习惯了得到就忘记了感恩。习惯了困苦，也就不会感到困苦。习惯了危险的生活，也就不会感到危险的存在。家里人一起生活，一两次因为感情的因数，教化没起作用，慢慢也会接受不好的习气。实际上已经渐渐转化为自己习惯的一部分了，也就看不到缺点的存在。人一旦习惯了某一事物，就看不到缺点和不足，因为化为自身的一个部分了。而人总是向外看的多，所以难以接受教化。

一个学道之人，如果不能影响改变他人。那是学道未成。真正的学道之人，他所能改变和影响他人的能力是很强大的。他所散发出来的正能量，可以改变周围许多人的习惯。

我们到寺院去看，一面是弥勒佛，他的反面就是韦陀。弥勒佛是笑口常开的，代表着慈悲教化；而韦陀是手拿兵器的，代表着武力。所以佛教也不单讲慈悲，有时候也是需要武力的摄受。看的是需要，两者是同时并举的。

教化家人也需要慈悲教化。智慧无烦恼，慈悲无敌人。慈悲是对众生无分别的爱，是一种大爱。因为爱能化解世间许多的敌视和仇恨。人间需要爱，就像万物需要阳光一样。对待世界是如此，对待家人也是如此，都需要慈悲的力量。所以对待家人的度化，首先是需要爱。如果没有爱，则度化无从谈起。没有爱，就没有度化，所谓三分师徒，七分道友。其实也就是说度化中感情的重要性、爱的作用。

教化家人有时也需要威力摄受。对待孩子，如果听不进去道理，我们可能会打他几下，他也许就安静下来了。这也是教化的一种方式，是从反面教育。《法华经》“如来寿量品”中，名医的孩子们中了毒，名医给他们药吃，中毒轻的孩子马上就吃了父亲的药，病就好了，但是也有一些孩子，中毒太重，根本听不进去，要他们吃药，他们不吃。于是父亲就想出一个办法，自己离家出去，后来托别人带话说自己在外已经死了。孩子们听到这个消息，都很悲伤，因为父亲走了，自己已经失去了依靠。想想父亲在时的好，如果当时听了父亲的话，也就好了。在无所依靠的情况下，他们吃了父亲的药，然后病就好了。见孩子们病好了，父亲也就回来了。如果不是用这种方式，孩子不会吃药，病也不会得到根治。所以离开家，后又托人带话说自己不幸死了，实际上都是另外的一种度化方式，是一种威力摄受，是反其道而行之。

度化家人也要随缘度化。有时候，实在因缘未到，我们无法度化。天雨虽宽不润无根之木，佛法广大不度无缘之人。因缘未到强行度化，对自己，对被度化者，都是一种伤害，还要损害宗教的形象。强扭的瓜不甜就是没有随缘度化。可以先放下，等到因缘具足了再进行度化。

2016 年 8 月 1 日

第二辑

工作之趣

工作就是把爱变成有形的行为

工作是使生活得到快乐的最好方法

如果工作是种乐趣，人生就是天堂

人生最快乐的事，莫过于将一项项工作完成

工作的乐趣

对多数人而言，工作总和职业联系在一起，而职业总和生存联系在一起。

任何一件事情，只要和生存联系在一起，就会少了很多乐趣，因为多了压力、多了无奈。

即使这样，我们也可以从工作中找到乐趣，只需要发现兴趣点，不断激发内在的活力，把工作、职业当成自己追求的事业。一旦将工作上升到事业的高度，人的内在动力就会源源不断，就会不知疲倦，时时刻刻处于思考和奋斗状态，并且乐趣无穷。

由于因缘的聚集，我有幸到天台县地方志办公室工作。说实在的，刚开始的时候是没准备的。人是有惰性的，有时不太愿意接受改变，特别是在没有准备的情况下突然的改变。而一旦接受了，你就会发现，这种改变其实很美好，也能从中找到很多的乐趣。

这种乐趣主要来自以下三方面。

第一，周围环境优美。

四周绿树成荫，院子内小草依依，一派生机勃勃的景象，很有一种深山藏古寺的美妙感。恰好我对古寺院有深厚和强烈的感情。能在这么一个鸟语花香的自然环境中工作，应该是幸福的。因为这种浓郁的、深沉的绿色，能化解你在许多方面的压力。这也是那么多人喜欢在休假日走进大自然的原因。在这里，不用去寻找，就有一幅美妙巨画，名叫自然。

进入这么美好的环境，本身就是种享受。在享受中工作，心灵是宽松的，也会把工作当作享受，所以是充满乐趣的。

第二，单位之间的和谐。

这个老县堂共有五个单位，单位之间互帮互助，团结协作，有时候不分彼此，人际关系十分和谐，所以置身其中是快乐的。自然环境再好，如果人与人钩心斗角、尔虞我诈、和气全无，那我自然感受不到美好，工作的乐趣也就无从谈起了。每天进进出出办公室，碰到一张真的笑脸，和碰到一张假的笑脸，对一天的心情是有影响的。正是同事之间常开的笑脸，让我感受到人与人之间的温暖，工作也是充满乐趣的。

第三，单位内部的和谐。

这是最关键的，如果没有单位内部的和谐，即使外部环境再好，暖春也会变成凛冬，在里面工作的人自然体会不到生活和工作之乐趣。

我们单位共九个人，有 20 世纪 40 年代生人，有 80 年代生人，年龄跨度非常大。年龄差距大，又可以说是个性各异，但是大家因为互相尊重、互相谅解，克服了许多工作条件上的先天不足。大家团结一致，同心同力，不仅顺利完成了日常的工作，而且圆满完成了我县现存最早的县志之一《康熙天台县志》的点校工作，为我县文化建设做出巨大贡献。目前，我们正在进行褚传诰《天台县志稿》的点校工作。

点校古志是一项很艰难的工作，如果没有单位内部人与人之间的和谐，就不可能有这么大的成绩。任山高路远，艰难险阻，在团结的战斗集体面前，都会土崩瓦解，烟消云散。同样，即使条件卓越，人才济济，优势明显，但是如果没有团结的集体，各自为政，一盘散沙，这种优势也只能昙花一现。单位内部如果钩心斗角，人的能量会在抱怨、斗气中转化为负能量。一个人如此，一个单位也如此，如果负能量多了，人会生病，单位也会生病的。人的病，用心药医治；单位的病，也是要用心去化解。

一个单位只有内部和谐，才能有战斗力，才能出成果。这里四季皆是春风拂面，所以才有工作的乐趣。

一个和谐的单位。

一份有趣的工作。
一种圆满的人生。

2015 年 7 月 14 日

市府大道的银杏树六题

清 凉

台州市府大道以银杏树作为行道树。

2013 年刚到椒江时，正是炎热的 6 月。没过几天，就是 7 月了。7 月，即使是早上，太阳底下也是热气腾腾的。银杏树给我带来的清凉，至今想起来都很感动。那时，刚到椒江，有时候中午要回寝室小休，就顺着行道树下走，真的感觉树荫下和烈日下是完全不同的两个世界。

人心可大而无外，也可小而无内。在内心接受了的情况下，是很容易满足的。所以那一株株银杏树，那底下的一团团绿荫，还有由此带来的那一丝丝凉意，帮我度过了刚到椒江时那炎热而又孤独的夏天，排解了心中多少烦闷与不适。我内心充满了感激之情。这也增加了我对椒江这座城市的好感。

落 叶

忙碌的日子总是过得很快的，转眼就是 10 月。

一天中午，饭后小走，当看见满地的落叶时，真的被吸引住了，太美了。尽管早上也注意到落叶的美，但那时还是星星点点，而一个上午的时间，世界好像完全变了一个样。尽管我没有摄影天分，但经不住美的诱惑，还是拿起手机拍摄下了这幅画面，让这种美永恒定格。不过当时，还有一个配景，不远处，也就是市住建局旁边还有两个人在走路，于是我就拍下了他们的背影。

我当时刚学会用微信，在同事的帮助下，发了生平第一条微信，同时配了一句点评——“落叶无声却有情”。

发了后，在圈子里引起了不小的反响。我记得印象最深的是有一个朋友问我：“这是哪里啊？这么美！”也正是由于这条微信，一些平时没多大联系的同学，知道了我要在椒江生活一年半，这马上引来不少“麻烦”。许多在椒黄路的同学，都要求小聚一下，但我本身是不喜欢应酬的，所以又要想办法去拒绝。不过，让大家分享到美也是一种快乐，而快乐会因分享而增值。因此，我们应尽量向别人分享我们的快乐，随时随地做一个有温度的人。

两个星期过后，落叶就没了，只剩下光秃秃的树干。我不禁为落叶短暂的一生感到一丝悲凉。这些叶子在夏天带给我们清凉，连最后牺牲时还带给我们美的享受，真的是太伟大了。我知道一切因果皆因缘。即使我们用尽力气，也无法阻止最后一片叶的凋落。虽抱不平，但却不伤感，因为心里接受了。万事都是如此，心里接受了，就踏实了，也就不觉得有什么失落。我们有烦恼，我们会伤感，其实是因为我们对事物有着太多的欲望和执着。正是这种欲望和执着，使我们整天痛苦。人要适当区分希望与欲望。欲望要在自己能力和需要范围内，否则永无止境。过度的追求，绝对无益于自己的生活。

嫩　芽

接下来的日子里，我们的创国卫工作通过了省里的调研与暗访。转眼就是 2014 年的春天。因为国税招待所要重新装修，我们又转租别处，不过上班时还有大半的路是与原来一样的。

春雨过后的早晨，在去办公室的路上，忽然发现那原来光秃秃的树干已经冒出了点点嫩芽，太可爱了。说实在的，因为时间永远是无头无尾的，季节的交换都是轻轻而过，昨天今天都是静静交接。此时，我才真切地感受到

2014 年的春天已经来了，所谓一芽而知春。

望着那满树的绿芽，我足足待了三分钟。这是什么？是绿芽？是，又不是。她们是希望，她们是渴望，她们是春天，她们将成为夏日里那一丝丝的凉意，她们将成为秋天满枝的果实，她们将成为满地美不胜收的落叶，她们是四季轮回中的一个出发点，她们是整个世界。

杏果

2014 年 9 月，这些银杏树再次引起我的深思。

这个时候，因为银杏已经成熟，不时可以看到有人在树下拿着棒子敲银杏果。特别是晚上，从办公室回寝室的时候，还可以看到有人拿着大袋，爬到树上，一大袋一大袋装银杏果。

银杏果呈金黄色，像桂圆，可爱极了。我知道银杏果子是好东西，这么多人在采摘，肯定是有原因的。于是我查了下资料，发现银杏果子的价值还真不少。对于治疗哮喘、慢性气管炎、肺结核、淋浊、遗精等疾病都大有好处，特别是对于治理儿童遗尿症效果显著。有这么多的功效，怪不得这么多人采摘。

这也是一道夜景。

这么一查，还真学到了知识，内心很高兴。看来学习真的是无处不在。只要用心，随处都可学习，随时都可成长。如果自己不想学习，这里太吵，那里太热，都成了不学的理由。

人的成长动力，有外部的，有内部的。如果内部没有改变，人其实都不可能有实质性的改变。只有从内部发生了变化，动力才能源源不断，各种灵感才能喷薄而出，生命才能真正有所改变。

缺陷

2014 年秋天，我又开始等待那满地金黄的落叶。

天公不作美。落叶那几天，刚好是刮大风的时候，吹得树叶漫天纷飞。这虽然增添了几分动感的美，但是离我理想中的那种持久的、富有张力和韧性的美，毕竟还有差距。

但我马上又想，美在于发现，不在寻找。一个内心丑陋的人，是找不到美的，所谓“四处寻春不见春”。只要心中装着美，世界到处都是美。发现另一种美也是好的，毕竟人生是没有圆满的。有时候，缺陷正是一种意外的美。假如当时荆轲刺中了秦始皇，假如林黛玉真的嫁给了宝玉，那样的人生反而落得个平凡的结局，缺少了戏剧的张力和绵延千古的遐想。怪不得季羡林说不完满才是人生。

这个秋季，我收获了落叶的另一种美，对美又有了新的发现。

鸟　窝

大风过后，只剩下少数的树叶和光秃秃的树干。

又是一个轮回。

又是一个早上，我无意中发现市政府第三办公区前的一棵树上，出现了一个大大的鸟窝。

出于好奇，我停下脚步看了看。人的联想总是很丰富而且突然的，看到鸟窝，我想起小时候和母亲一起在地里干活时到树上掏鸟蛋的情景。看见可爱而可怜的小鸟，母亲叫我放掉，我还依依不舍。小时候的印象是，鸟蛋是很不容易找的，都是在参天大树的顶上，不容易被人们发现，即使被发现，也在他们够不到的地方。所以能找到鸟窝、抓到小鸟，我是多么兴奋和快乐啊！

而今天，在市中心，在人类随便想个办法就能够到的地方，也有鸟窝。我想，当时造的时候，鸟妈妈一定在想，现在不比以前，这里不比别处，这里人与自然和谐，将鸟巢筑在这里肯定安全，所以就义无反顾地修筑了。

我仔细数了一下，从第三办公区到中信银行这不足一百米的树上，竟然有七个鸟窝，其中有一棵树上竟然有两个。看来这里不仅人与人和谐，鸟类与鸟类也和谐。

世间天地有定律，万物有成规，四季有其序。转眼又是2015年的6月，两年的挂职也正式结束了。在即将告别之际，又看到那银杏树枝繁叶茂，树荫下，几个环卫工人在休息。想起以前我刚到时走在树荫下的那种畅快感，我认为，在树荫下，他们也应该是幸福的。

有时候，不需要太多，人就能很幸福。

2015年6月5日

从鸿福宾馆到中信银行的“经行”

佛门中静坐和经行都是修持禅定、增长智慧、消除贪嗔痴的具体方法。静坐是在静中修定慧；经行是在动中修定慧，谓旋绕往返或径直来回于一定之地。

我所住的鸿福宾馆位于东海大道，走路到单位上班约需15分钟。每天早上6点40分左右，从住地出发，前往中信银行。途径东海大道、白云山南路、市府大道，经过两个红绿灯，到单位时一般6点55分。

一个人走路，是与天地的对话，能够独自享受心灵的安逸，能够在动中找到静。可以随机又不受约束地思考问题。这是人生的一大享受。

我把这段路叫作自己早上的“经行”之路。尽管与正宗佛门弟子那种修行的经行相比，不管就境界还是就高度而言都还有很大的差距，但是对于我内心的觉悟而言，我认为这是适合自己的一种方式。

走出宾馆，首先映入眼帘的是环卫工人。他们真的是太辛苦了。我也不知他们何时开始工作的，总之，不管刮风还是下雨，我出门时，总能看到他们的身影。自从创国卫洁化以来，不管是拿牌前还是拿牌后，地明显干净了许多。其实这也是创国卫洁化考核的一大业绩。

如果没有这些环卫工人，我们城市的卫生乃至整个环境将不堪设想。称环卫工人为城市的美容师一点也不过分，他们理应受到社会的尊重。其实只有边缘的心态，没有边缘的职业。至少我认为是这样的。

东海大道与白云山南路之间有一个红绿灯，在这里闯红灯的人特别多。特别是开电瓶车的，闯起红灯来毫无顾忌。这是一大陋习。对此我始终找不到合理的解析。

我几乎每天都会碰到一个小女孩。她看起来最多六七岁，却总是独自一个人去上学，不管是冬天还是夏天。我想，这个小女孩这么小就自己上学，将来应该会有出息。我真佩服这个小女孩的父母，这样放心大胆地让自己的孩子独立地完成一些事。有好几次，我都想停下自己的脚步，去问问这个小女孩，从家里到学校远不远，到底是读幼儿班还是小学，但又怕别人误认为我是坏人，就作罢了。只是在小女孩过红绿灯时从背后拍了一张照片给女儿看，看这小孩多独立啊，以此教育女儿要靠自己，不要过多依赖大人。

白云山南路的人行道上，偶尔可以看见几个早起锻炼的人。大多数是悠闲地走着，和主路上开得很快的车形成了鲜明的对比。

到了市府大道，这里的街道明显就整洁了不少。环卫工人也多了不少，他们所用的工具也呈多样化。这是主干道快速保洁机制运行两年来的成果。现在像市府大道这样的主干道都是“十五分钟保洁”的，也就是说，一张废纸丢下去，在十五分钟内肯定要打扫掉了。

中信银行旁边的公共自行车租赁点利用率比较高。早上我到这里的时候，基本已经没有车了。到八九点时又往往已经停满。到中午，吃过午饭想去寝室，车又都被借完了。由此可见这个租赁点利用率之高。

中信银行的后大门一般都是 7 点开的。而我一般都早几分钟到。银行打扫卫生的阿姨们也是这个时候到的。她们见门没开，有几个就打一下羽毛球，有几个就聚在一起聊天，开会似的，而我基本上是听不懂的。

这个时候，如果还有时间，我则是到前门看市府大道上匆匆而过的人群，想知道他们为啥而忙。看了一会儿，马上就回来，这个时候，门往往刚开。

2015 年 6 月 3 日

台州创国卫的几点感想

台州创国家卫生城市，起于1995年，有实质性进展于2013年5月底千人动员大会，授牌于2015年2月。经历了漫长的二十年，真正有成效的行动是从2013年6月开始。

2013年6月，作为挂职干部，我从天台县方志办被抽调到台州市同创办。从此，开始进入与之前完全不同的工作与生活节奏。我前后经历的是完全不同的两种工作、生活模式。同创办的模式，尤其是刚开始时，是基本没有休息日，每天都加班到半夜一两点的模式。

作为一系列考核文件的制定者，作为花三天时间走遍建成区所有城中村的经历者，也作为三化考核的全程参与者，我经历了台州创国家卫生城市的全过程，也见证了种种变化。在2015年6月份，回天台之前，我参加完最后一次三化考核，以参与者的眼光对台州市创国家卫生城市工作做了一次回顾。只求对自己的经历、自己的人生驿站做一总结和概括，只求内心的想法得到抒发，不求得到谁的赞同和肯定。对这一工作回顾，我尽量做到客观公正。

台州市创国卫工作，主要有以下特点。

第一，基础都比较差。

刚开始，我认为椒江、黄岩基础差，而路桥相对好一些。因为路桥是个新区，相对基础设施较完善，创国卫工作基础应该就会好。其实这只是想当然的、没有经过实践检验的看法。如果不是自己花时间到过所有的城中村，我也是这样认为的。但是经历后，特别是联系路桥后，对路桥的情况就相对了解多了。其实，一个地区基础好坏除了基础设施外，还与此地的历史文化有关。路桥的长处恰恰也变成了短处。自然界总是平衡的，正因为时间短，所以缺少历史的底蕴。城中村是很重要的一个反映：路桥的龙头王、泱里陈、松塘、新保村等城中村没整治前都是不堪入目的。也正因为新，所以流动人口特别多，管理特别难。有一个村，一天之内，无证小餐饮就增加了四家。

第二，各区做得都很努力。

创国卫难，难在动态，难在坚持。凡是动的都是暂时的、弱小的，最后都归结于静，这是自然的规律。正因为如此，同创办陈挺晨秘书长的思路就是让“变”成为一种常态，实际上也就是建立长效考核机制。永恒的就是常变的。适应“变”了，“变”就是常态，也就变成静的了。这是一种思维的转化。

鲁迅先生在一个世纪前就指出：“可惜中国太难改变了，即使搬动一张桌子，改装一个火炉，几乎也要血；而且即使有了血，也未必一定能搬动，能改装。不是很大的鞭子打在背上，中国人自己是不肯动弹的。”

有一次，我们到路南街道一个城中村。有一个老人就跟在我们后面骂个不停，说我们是土匪，是强盗。为什么？因为清理掉了她家门前的一个垃圾堆。原本要她自己打扫又不扫，最后集中大清理时街道给清理掉了，于是她就一路开骂。

当然，到市同创办上访的人很多。因为改变，有改变就有利益的触动，就有矛盾。在这种情况下，要推动工作，又要顺利过渡，真的很难。

第三，三区都很有成效。

可以说，经过两年的创国卫工作，台州市建成区的变化是翻天覆地的。从最初的不堪入目到现在的“衣着得体”。不过如果要达到“衣冠楚楚”，还需要时间的积淀、文化的累积，以及人们行为方式上的改变。

三区都各有特色，椒江的公厕、黄岩的农贸市场、路桥的城中村改造就是它们各自的特色。

经过最后一次的三化考核，我对今后的工作也有如下思考。

其一，三化考核应做适当调整。

法久弊深。任何一样事物,时间久了,就会有弊病产生。三化考核在对考核对象的制约上,就是在公平度上,在防止形式化上,需要做一些调整。各个督察员都有自己联系的街道。刚开始国卫牌子还没拿到时,他们着重考虑的是工作能否推进。而现在国卫牌子拿到了,督察员们关心的是自己联系街道的考核成绩。此外,时间久了,大家都熟悉了,人情的因素就多了。游戏规则可能没变,游戏内容却悄然发生了变化。

这个时候,就要与时俱进,改变游戏规则,比如每次考核分组时调换督察员,不要一个人老是考核同一组。

其二,宣传应转向对破坏创国卫的处罚上。

国卫牌子已经拿下来了,基础设施也已经建立得比较完善了。但是破坏的也有很多,这个时候,如果不利用宣传的力量扭转这种局面,对以后的工作开展将产生很大的障碍。通过强势的宣传,让大家知道多城同创是长期的工作,建设难,维护更难,破坏是要受处罚的。

其三,部门长效考核机制应配以机关的不定期督查。

在当前情况下,抓长效很大程度上就是抓考核,包括抓部门考核。因为部门上下之间都是有密切的联系的,人情的因素不可避免。

我们机关不定期参加督查,就能打破他们之间原来的平衡格局。

2015 年 6 月 12 日

一草一木皆是情

在没有到台州市同创办之前，我对路桥印象其实是不好的。总觉得路桥就像一个土豪，它是一个物质丰富，而精神却不富有的地方。这是偏见，认为物质与精神好像总是对立的，物质发展了精神必然贫乏。对路桥偏见的形成，还有一个原因是上大学时，路桥的同学相对而言都比较时髦和爱打扮。在缺乏深入了解的情况下，对一座城市的亲疏远近，其实就取决于对某个来自那里的人的印象。所以我心目中的路桥就是这个印象。

到市同创办后，首先给我留下深刻印象的是路桥同创办的刘挺同志，一个帅气的小伙子。

2013 年 7 月 15 至 17 日，我和金晖、杨治兵三人对建成区城中村、城郊村大体情况进行摸底。就是在同创办或街道的带领下，对本街道范围内城中村、城郊村走一遍，并拍下照片。这样，对全市城中村、城郊村在卫生方面孰优孰劣基本做到心中有数。

路桥区当时就是刘挺带的。他没有叫街道工作人员一起陪同，而是自己带我们一个一个村子地走。他对各村的情况非常熟悉。我问刘挺在同创办待几年了。刘挺说十几年了吧。我认为刘挺同志是一个工作尽心尽责的人，因为一个缺乏责任心、工作不用心的人，即使工作一辈子，也不可能对工作对象熟悉到这个程度。

这是我对路桥印象改变的开始。

接下来，为了便于联系，了解情况，我们每个人要联系一个街道。我竟然阴差阳错地联系上路桥路北街道。

从此，和路桥区及路北街道的联系便日渐增多，对路桥的了解也日益加深，对路桥的感情也与日俱增。

人是会变的，人的感情是最复杂的。这也是人的奇怪所在，也是人的丰富性所在。

接下来，因为要经过省调研、省暗访、国家暗访等一系列程序，我们组几乎天天在路桥。我几乎天天在路北，在城中村，在农贸市场，在公园广场，在车站……一发现问题，立即通知街道办事处，予以整改。

有时候我们和街道工作人员一起开展工作。和街道工作人员一起，有一个好处，就是发现问题后，他们熟门熟路，工作自然落实得快。但是也有一个坏处，就是出现问题后，他们的解释太多了，总是能搬出许多理由，有时候也会糊弄一下我们。

所以，许多时候，我会叫上路桥区同创办联系路北街道的同志，刚开始是路桥商务局的蒋建敏同志，后来换成工业园区的苏海军同志。两人都很认真。有时他们有别的任务，我就一个人在转。

创建国家卫生城市是一场硬仗，要处理好方方面面的关系。比如，要处理好市同创办、区同创办和街道办事处之间的关系。我们市级同创办主要考虑的是能否通过国家暗访的问题，当然还有长效机制问题，和区级同创办的根本目的当然是一致的，不过有时候区同创办的同志为了考虑个人面子等问题，对街道有些问题也会隐瞒一下。此外，区级同创办需要考虑的是三化考核中他们的成绩在三区的位置，为了这个成绩，他们对发现的一些问题会主动解决，有时工作落实不下去，也会借助市同创办的力量加以推进。而街道办事处关心最多的是本街道在三化考核中二十二个街道的排名情况等。三方因为考虑侧重点不同，所以思路、战略、态度都是不同的。

不过，在当时的情况下，最后都落实在要把“三化”做好这一点上，寻求的是最大公约数。

其实半年过去，我的态度就发生了改变，觉得联系路北是件很幸运的事。主要是他们有一个得力的副书记，叫李正军。原来路北副书记的位置一直是空缺的，2013年年底李正军才上任。他上任后，我去拜访他。他正在参加会议，中途他从会场出来，我们谈了15分钟，感觉谈得很投机。

2014年第一次月中考核，考察人员在洋叶村发现了三家无证小餐饮店，这使路北的排名一下子掉到了后面。月末考核时，徐翁村被发现乱堆放情况很严重。我认为，如果平时工作在做，不可能一下子出现三家无证小餐饮店都不知道。在一次机关会议上，我主动要求对路北街道进行短信通报批评。许多人都感到不解，其实越是对自己的工作，越要严格。

短信通报批评后的第二天，街道项小平书记就亲自组织多人的队伍，一个村一个村地进行大清理。力度之大是空前的。

后来路北街道在每次三化考核中都名列前三，并且推出了这方面的长效考核机制，许多街道都向他们学习。

也正因为如此，我们总体是并肩战斗的。正是在战斗中，我和路北街道的同志们建立了友谊，推进了工作，改变了城区面貌。这种友谊其实是很深的。地扫干净了，环境变美了，市场有序了，特别是农贸市场，路北的洋洪村、洋叶村、赵王村起初卫生环境都是很差的，一次市工商局组织的月考核中，最后两名都在路北。我也脸上无光。街道给村里下了死命令，如果再在考核中吊车尾，村书记就会被免职。压力来了，考核成绩上去了。整改后，好几次我们去暗访，结果都很让人满意。

正是在战斗中，我认识了王统卓、陈江等道友，并建立了深厚的友谊。我对路北街道，对路桥区也充满了感情。最后一次参加考核时，感到一草一木都含有感情，都是如此让人舍不得。

2015年6月3日

回天台县志办上班了

2015年6月18日是我两年挂职结束回天台县志办上班的第一天。

记得我是2013年6月14日下午去椒江的。那天下着大雨，我虽然开车两年多，但是从没上过高速。因此，由单位叶仁桥冒着大雨送我到椒江。

当时，我只想着挂职工作能快点结束，感觉时间过得真是慢。现在真的结束了，回想起来，感觉时间过得还是很快的。这有点像刚上大学时，希望早点毕业，等真到毕业离校了，又有点恋恋不舍。离开椒江时回想挂职工作的两年，真要感慨白驹过隙。

回来上班第一天，我感觉有点适应不过来，内心很是复杂，主要表现在以下几个方面。

首先，既熟悉又陌生。

其实，我在县志办也只有一年零八个月的时间。虽然时间也不长，但是和同事们的感情都很深。在椒江时，心里也时刻惦记着这些同事。同事们的笑容，楼下那些老人的辛劳，指挥部的忙碌，总是萦绕在我的脑海中。

这两年里，因为心里有着惦记，所以虽然离得远，但心是近的，对这里的每个人和一草一木都很有感情。

因为有感情，所以心近。因为心近，所以熟悉。熟悉与不熟悉其实是心的距离。因此，即使两年没来正式上过班，内心也不能说不熟悉。

世事随时在变。两年时间，在历史的长河中不算什么，但是，对一个人来说，足以改变一生。有时人生的转折只是分分秒秒的事，而不是用年来计算的。

这两年里，为解决停车难的问题，县里对本区块停车实行收费制度。这两年里，我们的姚兆彤也当了爷爷。这两年里，我们的王俏允也当了妈妈，孩子刚出生没多久。变是世界的常态。

所以，这里对我来说又是陌生的。

其次，既快乐又沉重。

快乐是因为结束了挂职，可以不用来回奔波，可以回家团聚，可以自己接送女儿，可以随时看望父母亲，可以和同事们朝夕相处，共同回到以前的生活，可以说是找到了心的归宿。而能找到心的归宿是幸福的。

因此，我感到快乐。

人的心念是随时变化的。要做到不受外境的影响，尤其要做到不受舆论的影响，是很难的。

挂职还没结束，别人就在问，结束到哪里去，会不会换岗位。这是世俗的眼光，也许只是出于关心。因为我是去市同创办挂职，那里的辛苦是出了名的，工作的成果也是有目共睹的，于是大家就比较好奇我在工作上会不会有变动，这是人之常情。

其实，我心里是明白的。但我去的时候并没有太多的期望。既来之，则安之，就当是学习的机会，换一种生活方式也是好的。人生每一路都有不同的风景，观赏一下各地的风景也是好的。凡事以平常心看待就不会太执着。因为期望值太高，所以就容易产生失落感。如果本就没有过高的期望，也就没有失落感了。所有的烦恼，所有的不快，都是自找的，什么时候都不要把自己想得太重要，其实是没几个人把你放在心里的。

是你自己放不下，然后各种烦恼都来找你。

所以我的态度是不必仕，不必不仕，因为必仕则会忘其身，必不仕则会忘其“君”，都不是正确的处世态度。

虽然这么想的，也是这么准备的，但是真正回来的时候，总有那么一股莫名的惆怅。我用自己的境界，用自己的禅学修养，用自己的定力在消除这股惆怅，不使其扩大，进而控制自我。境界的提高是一步步的，我正在逐步提高，所谓理可顿悟，事须渐修。也许这就是真实的人。

这也是历事练心。

再者，既短暂又漫长。

我是下午1点15分到办公室的，门都关着。我就趁着这个时候安静，开始写昨天的人生感悟。写好时是2点28分。前后又看了几遍，润色了几下，2点48分完成昨天的感悟。

走出办公室，老姚那间是开着的，范主任那间也是开着的，办公室也是开着的。我就一一过去打了招呼，对在我挂职期间他们的支持表示了感谢。因为我的挂职，他们都增加了许多工作量。同事三分亲，好久没见，他们都很挂念我。老姚说，他们早上还在念着我呢。

在单位让人牵挂也应该算是幸福的。这是我们机关和谐的一个反映。我们八个人平时真的像兄弟姐妹一样和和睦睦。

接下来我想到楼下老干部处和指挥部的同志报个到，但老干部下午都是不上班的，门关着。

报到完毕，接下来的事就是联系福建永泰县地方志办公室。这是我认为很重要的一件事。

金全才大师走后，有一天师母找到我，说金老师走得太匆忙了，还有许多事情未完成。其中一件就是查找自己爷爷的相关资料。大师的爷爷叫金章，民国时期曾在福建永泰当县长。师母没有办法联系上福建当地，就找张谷清老师帮忙，张老师要她找找我。我答应一上班就和福建那边联系一下。

通过许多渠道，最后联系上了永泰县地方志办公室。接电话的人姓倪，听声音应该是个大姐，聊了几句觉得她比较熟悉业务。我说明了来意。听我说完后，倪大姐就说，是有这么一个人，民国时当过县长。还和我说民国时期的《永泰县志》就是金章作的序言，其他的资料没有发现。她把序言发给了我。

资料弄好后已经5点多了，这个下午过得真快。

一个下午是短暂的，但是从做的工作而言，好像工作量又不少。尤其是联系上福建永泰县志办后，好似完成了自己一桩很大的心事。人生因忙碌而充实。

看来,我内心还是很充实的,因为事情忙而不乱。

上班第一天就是这样度过的。

2015 年 6 月 13 日

回原单位上班第一件事

2015年6月18日，是我从台州市同创办挂职回来，到原单位上班的第一天。

除了向同事问候外，我第一件事，就是联系福建省永泰县地方志办公室，请他们帮助查找一下关于民国一个县令金章的史料。

这是我在同年4月份对一位长辈许下的承诺。在我看来，许下的诺言，就好比欠下的债。如果没有还，心里就会一直牵挂。何况这是一位德高望重的长辈所托。

金全才大师是我尊重的长辈。他的孩子树立也是我的朋友。2010年，天台人大代表去世博园考察学习时，我们坐在一起，聊得很投缘，给彼此留下了深刻的印象。我家客厅里那幅亦字亦画的“如意”就是金全才大师题的。

2015年4月，大师走得可谓突然。那时，我在椒江挂职还没结束，于是在双休日去殡仪馆看守了两个晚上。本想参加一下追悼会，却忽然接到单位通知有任务，就又匆匆赶回椒江，留下了毕生遗憾。

没过几天，师母联系我说要见我一下。我第二天就赶到她家。

在大师的书房兼画室里，我见到了师母。睹物思人，是很伤感的事。师母说好几次，整理整理着眼泪就流出来了，想想丈夫走得实在太突然了。她还说了大师在最后岁月里怎样坚强，教育孩子们要怎样孝母，以及大师平时读书的习惯，怎样做笔记，等等。总之，大师这么一走，留下了太多的遗憾。

我安慰了师母一番。没有人是毫无遗憾而走的。人即使重新活十次，也是有遗憾的,也是有做不完的事。在世的亲朋好友活得好就是对大师最大的安慰。

其实这个时候,说啥都是无用的。这样的心结不可能一点就开,只能靠时间。时间不能解决问题,但能抹平伤口。许多伤心事不是解开了,而是淡化了。我们最多也只能偶尔帮助缓解一下这种情绪。

最后,师母告诉我大师在世时的一个愿望。大师的爷爷在福建永泰任过县长,《永泰县志》里面有记载。他们两人打算,如果有时间的话,就去永泰县寻找一些史料,充实一下大师的家谱。可惜由于各种事务,这个愿望一直没有实现。所以师母希望我能通过单位和那边联系一下,看看能否发现些什么史料。

对于这个要求,我是满口答应的。一则是对于大师感情的一种报答,二则是出于对大师的敬仰,三则是对没能参加追悼会的一种弥补。

我答应等我挂职回来,马上就落实,尽快联系那边。如果有现成的最好,如果需要过去,那么过去也行。

许下的诺言,我是时时记着的。所以,挂职回来后的第一件事就是联系福建那边。

翻看我们县志的通讯录,结果只有省内的,没有省外的。于是我和老姚联系。老姚是省专家组成员,也许会有这方面的信息。但他翻来翻去也是没有找到那边的联系方式。

于是我只能抱着试试看的心态上网找。结果,在永泰县志网站页面的最后一行找到了联系电话。从他们网站的建设看,他们这个县志办应该是很正规的,因为网页内容很丰富、布局很合理。

我照这个电话打了过去,没人接。隔了一段时间,再打,意外地打通了。得知是同一系统,对方还是热情的。我说明了来意,对方看来对业务还是很熟悉的,马上就反应过来,说是有这么一个人,不过相关史料并不多——民国时期永泰县编了本县志,这本县志的序言就是金章作的。因其在任时没有什么特别的事情发生,任期又短,因此没什么史料。

很快,对方把那个序言传真到我这里。我用微信把它翻拍下来传递给树立。

这就是我重回原单位上班后做的第一件事。

人生有太多的遗憾，永远是忙不完的，有些事是不能等的。我们应有个轻重缓急。

一个人如果能抓住主次、轻重，那其实已经是得道了。

忙碌的人啊，放慢你的脚步，去做一些该做的事吧。

2015 年 6 月 13 日

危险安全一念间

为缓解城区停车压力，单位旁的老县堂小区停车场于2015年年初开始收费。

而我自椒江回来后，一直没办好汽车的年卡，意味着上班停车又要付费。于是，今天我决定骑着那辆摩托车去上班。

这辆摩托车购买于2006年年底，我住在老城时，因为用得比较多，之前还年年在年审。后来，住到新城来了，用的机会也不多了，就没去年检了，只是去菜地时才用一下。虽然使用已近十年，但是行程却不到两万公里。

我从溪林春天出来，沿着三茅溪南行，过寒山桥，然后再沿着三茅溪南行，过赤城路到上清溪路，接着过人民西路，到天台山西路，过劳动路，最后到了老县堂。

之所以这样绕小路，是为了避开交警。

这条路也是很有特色的。三茅溪整治后，沿三茅溪南行的路是我县城区绿化比较好的路段。加上水的灵性，这一段成了城区景色的精华所在。沿着这条路骑行，常常可以看到有人在早锻炼和看风景。而上清溪和中山西路则是老县城的精华所在，昔日的繁华都在此呈现，也可看到沿途琳琅满目的日用品。

而此时的我，和做贼一般，只关心四周有没有警察，对各种美，对沿途的各类商品都是无心欣赏，简直可以说是视而不见。各种证照都齐全，只是摩托车没有年检，其实被交警抓住也不会有什么大的事情。但是作为单位的人，被抓住总是不风光的。因此，骑摩托车底气还是不足。

人都是有选择地看世界,通过自己的主观去发现世界。平时开车,我从来不关心有没有交警。因为更在意的是安全,我会时刻观察行人、红绿灯、旁边的电动车,等等。而今日,眼中只有交警,有时候还和惊弓之鸟一般,错把保安当作交警。

同一辆摩托车,我几乎天天开着去菜地。去菜地时是很悠闲的,根本没想到可能会有交警来查。其实仔细想来,也同样有被交警抓住的可能性。假如某一天,交警忽然灵光一现,到小路上去查车辆,而我又刚好在去菜地的路上。不是就撞了个正着嘛!虽然家里和菜地只有一公里不到的路程,但是这种可能性还是有的。这个世界实际上包含无限可能。但是我为什么一点都不担心呢?

我想来想去,原来是习惯的力量所至。再危险的事,如果做多了,熟门熟路了,也就感觉不到危险了,也就习以为常了。其实危险一直是存在的。

这是第一次骑着没有年检的摩托车去单位,所以提心吊胆。假如次数多了,天天骑,也就习惯了,也就骑得心安理得,丝毫感觉不到这是违章上路,是危险的,是要被交警查处的。

人一生中碰到危险是很多的。所谓"人在家中坐,危机四面来",很多其实是因为习惯了、麻木了,而感觉不到危险。

如闯红灯,其实是很危险的,可以说是冒着生命危险,但是每天都有这么多人用生命的代价来节省几秒的时间。

现在想起来,小时候,经常去旁边的水库里游泳,有时一个人,有时叫上几个小伙伴,现在想起来这是多么危险的事。

人是习惯的动物。习惯了别人对你好,就忘记了感恩。习惯了危险,就感觉不到危险。习惯了什么,也就适应了什么,就会感到是理所应当。

佛经里有一个"留习润生"的故事,就是说人的习惯的力量。有两个人,以卖鱼为生,都是当天回家。有一次,晚了,回不去了,就住进了客栈。结果,翻来覆去就是睡不着。为什么呢?因为少了鱼腥味,于是拿来了装鱼的工具放在卧室,终于睡着了。这就是习惯的作用。

所以人要从小养成好习惯。否则,坏习惯一旦养成,就很难改变了。人如果对危险习以为常,那就真的危险了。

所以,与其骑摩托车的时候,时刻提防交警,倒不如去年检或者换一辆新的摩托车,不让这种没年检的车上路。

2015 年 6 月 16 日

县志办里多“怪人”

我们天台县志办里多“怪人”。这里的“怪”不是指行为的怪，而是指思想的“怪”，是指思想独特、思维敏捷、才能出众。

我们县志办共八个人，我认为有四个可以算是“怪人”，就是可以说是有一技之长的人。

主任范吉平是天台电视台《天台新闻》的首批播音员之一，讲话声情并茂，抑扬顿挫。他虽然离开了播音行业，但是由于多年习惯的养成，在办公室里偶尔看到好文章，也要朗读一下。

我的语言表达能力很差，特别是普通话讲得很差。到天台县志办后，刚好可以学习。于是，就时不时向范吉平主任请教。有时候，在去杭州出差的路上，听着车载音乐，主任也借机教我说好普通话的要领，他让我仔细听这些歌，即使是全程飙高音的歌，其实还是有起伏的，如果没有起伏，假如一直低音，别人就会听睡着了。假如一直高音，别人也会感到疲劳。所以应该有高有低，才能婉转动听。我仔细听了下，确实如此。

世上无难事，只怕有心人。在不久后的一次政协全会上，我做了一个大会发言。一位领导说一听我发言，就知道我进步了。那次发言被评为优秀大会发言，其实都是范吉平主任的功劳。

这就是主任范吉平，普通话出神入化，平时也注意练习，而且擅长教别人，使我的普通话水平突飞猛进。

老主任庞国凭，抓工作很有一套，并且能抓出特色。

在他任主任期间，恰逢全国兴起二轮修志的高潮。一轮是新中国成立到90年代初期。修志是一种烦琐复杂、旷日持久且需要花费大量精力和耐心的系统工程，需要投入大量人力和物力。许多地方经过多次动员大会，也还是“动”不起来。

但是我们天台开过一次动员大会后，就动起来了。修志所涉及内容的时间跨度为1990年至2000年。经过两年的努力，2002年终于完成。

我到天台县方志办工作是在2011年下半年，那时还有市内的温岭，市外的永嘉等地的方志办前来学习取经。这些都是老主任庞国凭的功劳。

综合科长姚兆彤，是修志和用志方面的省级专家，是天台的活字典。他经常要审读一些来自外地的快要完稿的志书。每次他都认真审读，并提出问题。此外，县里各部门修志的同事也经常找他商量，向他请教，他都不遗余力地加以指导和帮助。

老姚平时是一副憨憨的样子，但是一说到志书里的内容，立马来了精神，引经据典，讲得头头是道，如数家珍。

电脑专家徐新建，是20世纪90年代计算机专业毕业的本科生。相对于对电脑知识一窍不通的我而言，徐新建简直是个天才。家里楼道里那个开门用的通话器坏了，叫物业来修，物业也叫了维修的公司，公司派人来了三次都没有修好，我也失去了信心。偶然和徐新建说起这事，他说他可以试试看，结果一下子就修好了，这大大方便了我的生活。

徐新建是个典型的知识分子。对于机械很有悟性，可以说带电的都会修，手机、微波炉、录音机、电瓶车，等等，不在话下。他这个人也曾经做过生意，想运用自己的知识改变一下生活，但是结果，也不知怎么搞的，业务很好，生意却总是亏本。于是他知道自己不是做生意的料，就马上收手。

现在徐新建的办公室俨然成了一个修理铺。因为人缘好，业务精通，所以单位里但凡有个什么电器坏了的，都找到他这里来。新建也乐此不疲，从为大家服务中找到快乐。

这就是我们单位。一个“怪人”占较大比例的小单位。

一般而言，“怪人”大都是有精神追求的。一个有精神追求的人，就是一个有灵魂的人。对这些“怪人”而言，精神追求永远大于物质追求。他们也不会把更多的精力放在一些没有实质意义的是是非非上。

这也许就是我们天台县方志办能够一团和气的原因所在,因为“怪人”多。

2015 年 6 月 28 日

走访青竹坑村

青竹坑村是我们天台县方志办的结对村，也是我们范吉平主任兼任党支部第一书记的村，几年来一直和我们单位保持良好的互动关系。虽然几年来我一直在椒江，但是一直没有去过。从同事的口中得知，这个村干部榜样作用大，集体战斗力强，和我们单位的感情也很深。

七一前夕，我们范主任说下午去青竹坑村走访慰问老党员和困难党员，问我去不去。

想想这么一个好地方没去过也是一种遗憾，于是我决定去一下。

下午2点20分，叶仁桥因为另外有事，临时不去了，剩我和范主任、姚兆彤三个人一起出发。

我坐在车上一迷糊就睡着了，隐约听见姚兆彤说水库下面原来是人家之类的。睁开眼一看，只见“利民水库”这几个字的牌子就立在路旁，我知道马上就要到了。因为从同事口中得知，这个村就位于水库最深处的边缘。这个水库不宽，但比较长。

到了水库尽头，转过一片农田，就看到青竹坑村的牌坊立在中间。我们范主任轻车熟路地把车开到了村子的操场上停下，然后走过几条石头砌成的小路，就到了村部。

村里已经聚集了许多党员，有二十来个。我们和他们说好是两点半从单位出发，据说他们竟然两点半就在等了，村里的党员一个不差，全部到齐。这实在是太热情了。

七一是党的生日，所以这其实是他们村里的一项党员活动。首先是青竹坑村第一书记，也就是我们范吉平主任给党员们上党课，然后是民主评议，最后是慰问老党员和困难党员。

一切都按顺序有条不紊地进行着。到最后是慰问党员，由村党支部曹书记向我们介绍我们要慰问的五个党员的情况。我不是中国共产党党员，也没参加过党员的生活会，这正是一个绝佳的机会，让我们可以从这里了解基层民主制度的建设和发展。曹书记介绍了每个受慰问党员的情况和受慰问的原因，讲得很具体、很实在。这些原因包括年老，包括家里人生病，包括遭遇车祸，等等。总之，每位党员受慰问的原因都很具体，不搞形式主义。

接下来是讨论。每位受慰问的党员都表示自己不需要慰问，把资金留给其他更需要帮助的同志。总之从这里我看到的是一个懂得谦让，时刻为别人考虑的战斗集体。

人与人之间因谦让而和谐。让能让出一种争夺永远也达不到的境界。许多事情谦让则有余，争夺则不足。

对这个村，我虽然是初次接触，但是感触还是很深的。

第一，这是一个干净的村庄。

这个村很干净——这是我的第一个印象。鉴于从事创国卫工作许久，所以对卫生情况特别敏感。这个村与别的许多村的不同之处在于，一开始，我们在操场一下车，就看到垃圾桶一个一个整齐有条理地放着。

因为搞新农村建设，台州农村都配备了垃圾桶，但是村民大都不知如何用，所以将垃圾桶集中在一起，相当于一个垃圾中转站。但这样做，就无法发挥垃圾桶的作用，这对于村民放垃圾还是不方便的。所以我们在考核时，对于垃圾桶集中放在一起的情况，都是要扣分的。

而在这个村里，就没有看到这种垃圾桶集中放置的现象，而是一个个分散在村子里。一路过来地上还是很干净的。这对于一个农村，实在是一件不容易的事。

第二，这是一个有战斗力的党组织。

虽然自始至终，没有一个人说自己村里的领导班子如何有战斗力，但很多事情不是用眼睛看，而是用头脑思索，用心灵感受的。

党员二十几个，也不算多。从村支书办事的公平公正来看，从他们在村的党员一个不缺的到位率来看，从党员间的谦让态度来看，从他们听课的认真程度来看，这是一个有力量的团结的集体。

第三，这是一个有着美好明天的小村。

人与人之间的差别，不是表面的、身体的差别，而是心灵的差别。所谓身是小宇宙，心是大宇宙。这个心的差别造成世界的千变万化与丰富多彩。

只要心中有梦，世上就有路。

我印象特深的是，范主任在讲“四个全面”时讲到磐安乌石的发展历程，村里的党员就活跃了起来。有说他们也可以因地制宜，利用水库的水，在下面的浅滩上建一个漂流项目，并说出了具体计划。

其实，这就是梦开始的地方。人生就是一个不断寻梦与圆梦的过程。一个国家如此，一个地方如此，一个人也是如此。最怕的是没有梦。如果有梦，并不断地追梦，那么全世界都会为你让路。如果心中没有梦，那人就没有了灵魂。

明天在哪里？明天就在美好的梦里。

明天是属于有灵魂的人。

2015 年 6 月 27 日

一次深刻的精神体检

根据县纪委第二工委的工作安排，上午对我们县志办进行廉政谈话。

廉政谈话分四个步骤，范吉平主任向全体到会干部做述职述廉汇报；纪委第二工委邢增盛书记做动员讲话，介绍谈话目的、意义、内容、纪律和要求；县志办全体参会人员，对县志办班子及中层干部进行民主测评；还有个别谈话。

7月初，我们在人民医院进行了体检，大家都很重视，也发现了身体存在不少问题。而这一次，是对我们单位的精神体检，虽然是常规性的谈话，但大家也都很重视。形式比较简单，没有主席台，没有会标，但是内容并没有因此简单化。

通过这次精神体检，我们也发现了一些问题，思想认识有了相当大的提高。

第一，查找到了不足。

我们天台县方志办可以算是“边缘单位”，既无权力，又无财力。一直以来，我们都按部就班，循规蹈矩，认真做自己的工作。虽然自己认为，没有丝毫违规违纪的行为，信心是很足的，但是检查组最终还是发现了问题，就是台州市方志办的一个老主任，要带一批客人到石梁参观，和我们联系，让我们买门票，出于情面，我们不好推辞，就帮他买了。我们一直认为这是正当的支出，但是根据具体规定，这也是违规的。通过这次精神体检，我们也发现了自身的不足。一个人或者一个组织都是在发现不足、改正缺点中，不断进步的。

第二，提高了认识。

通过此次谈话，我们在认识上达到了一个新的高度。以前，我们一直认为，违法违纪、腐败行为离我们很遥远，只要认真做好自己的工作就行了。但通过这次教育，我们认为，人随时都可能犯错，有时是在不知情的情况下犯的。而廉洁自律是一切工作发展的前提条件，没有这个前提，后面再多的能力、名誉、地位、影响都没有实际的意义。因此可以说，通过谈话，我们意识到了自身对廉政工作认识的不足、相关知识的匮乏，以及主动性的缺失。我们不仅要自己做好反腐败工作，而且要教育好、影响好其他人，尤其是周围的人。

第三，宣传了天台县方志办。

我们县志办平时不太引人注意，许多人甚至不知道还有县志办这个单位的，更不知道我们的工作、我们的生活、我们的思想。通过此次谈话，至少在现场的同志，对我们县志办开始有所了解，开始了解我们工作单位的艰苦，开始了解我们工作的努力，开始了解我们单位的和谐，开始了解我们工作的成效，开始了解我们的循规蹈矩。而这一切其实都是无形的广告宣传，在一定程度上提高了单位的对外影响力。谈话结束后，看到这么美的工作环境，几个青年人还到楼下拍照留念，拍下了一张张充满绿意、充满和气的个人照、合影照和风景照，这简直就是对我们单位最大的宣传和肯定。

人应该追求物质生活和精神生活的统一，追求肉体生命和精神生命的和谐。如果只有肉体生命的健康，精神生命不健康，那就不是一个完整的人，而是一个可能对社会造成危害的人。人与人之间存在的最大差别就是精神层面上的差别。一个人如果道德出了问题，精神上出了问题，肉体越健康，就好比恶虎添翼。所以在一定程度上说，精神体检，比肉体体检更重要。

廉政工作永远在路上，没有完成时，只有进行时。通过此次谈话，通过对我们精神的体检，我们收获很大，内心非常感激纪委的这次活动。

谈话是一时的，落实是永久的。对于谈话中发现的一些问题，也就是我们的不足和对我们的要求，我们要尽快落实。

这是深刻的精神体检。通过体检，我们不仅发现了原来一直不知道的一些病菌，同时还打了一剂预防针。这使得我们的单位，在肉体上、在精神上更加健康，保持蓬勃发展的状态。

2015年7月24日

习惯周末到办公室

如何有规律地生活对一个人的人生是很要紧的。

回天台后，我很快就养成了新的生活方式和新的作息习惯，也就是每天很早起来，在家里做一下常规的早课，然后7点之前到办公室，开始新的一天有序的工作。

在椒江时的学习习惯分两个阶段：周一至周五为一个阶段；周末在天台又一种习惯。而现在，就一个习惯，周末也是同一个习惯，也是7点之前到办公室，开始一天的常规性工作。

我们单位人不多，但是周末的时候办公室里的人还是比较多的。基本上8点以后，单位里至少有两间门是开着的。

记得一个星期六，我也像往常一样早早地到了办公室。写完前一天的生活感悟后，8点还不到。走出办公室，我看到姚兆形所在办公室的门也开着。不一会儿，叶仁桥也来了，他刚送小孩子去学音乐。一会儿，徐新建也来了，因为有人找他修电脑。一会儿，范吉平主任也来了。这样，单位里八个人，除了一个退二线的老干部和两个家里事务多的女同志没有来之外，都到齐了。尽管各有各的原因，但是有一点，到单位里，坐在办公室里，他们是快乐的，内心是平静的，是自愿而来的。

人是习惯的动物。我们的很多行为其实都是受习惯支配的。所以，养成一个好习惯很重要。这不是什么努力工作的问题，而是习惯使然。就好比一个人喜欢打麻将，一天不打就不舒服。这也是习惯，与勤奋无关。

一个人的心在哪里，他的世界就在哪里，他的家也就在哪里。周末没要求，大家在安排好自己生活的同时，都不约而同地来到办公室，至少说明以下几点。

第一，他们的内心是平静的。

一个人如果没有平静的内心，心不在单位，可能周末还没到，就盘算着如何玩耍，如何组织活动，也不可能有时间坐在办公室里，来享受宁静的生活。你心在哪里，你的时间就在哪里。如果你的心在麻将上，可能就会争分夺秒地去打麻将，就会不放过一切可能的时间去打麻将。周末更是忙个不停。

现在社会，每个人都很忙，每个人都有很多事情要做。而我们单位的同志，双休日在安排好自己其他工作的同时，都来到了办公室。这就充分说明了，他们的乐趣还是在办公室，并不在麻将上，也不在热热闹闹的名利场上。对于我们而言，心定了，在工作中找到乐趣，也不会感到累，因为乐趣使我们不知疲倦。

第二，他们的内心是快乐的。

苦与乐都是相对的。一个人如果对事情有兴趣就不会感到累，相反如果没有兴趣，干什么都是折磨的、痛苦的。因为自己有兴趣，我可以在山里走个几天几夜，可以顶着夏天的烈日锄草，可以不顾危险攀岩，可以有车不骑，从城里走路到家里。所以即使苦，即使累，内心也是很快乐。苦乐都是内心的一种感受，没有标准。

相反，如果所做的不是自己愿意做的事情，可能就会感到累。如加班，领导要你加班，与自己要加班，是两种完全不同的感受。自己要加班，即使到深夜，内心也很平静、很快乐。如果是领导打电话要你加，就是一刻，许多人内心可能也会感到苦、感到累。这就是自发与外加的区别。真正的快乐都是内发的。而周末，我们没有做任何的加班要求，大家都不约而同地来了，至少说明大家都是快乐的，都乐意到这里来。

第三，我们的单位是和谐的。

因为和谐所以温暖，因为和谐所以大家彼此尊重。我们八个人既是同事，又是朋友，又是兄弟姐妹。大家都乐意到这里来，因为在这里会感到高兴,感到放心,感到快乐。人的幸福很大程度上取决于和周围人的关系。如果你争我夺,尔虞我诈,视彼此如仇人,大家在一起共事就会很痛苦,度日如年。这样的环境大家都巴不得离开,都巴不得周末早点到来。当然,就不会有人周末都到这里来。

双休日坐在办公室里,大家的心是踏实的。在学习中,在工作中,大家感到十分充实。在讨论工作和偶尔闲聊中,大家感到十分温暖。

一群人,心在一起才是一个团队,心不在一起只是一盘散沙。

也正是因为这种和谐的环境,我们单位近几年成果不断:《康熙天台县志》校订工作完成,2000年《天台县志》重印。如果没有这和谐的环境,就不可能有凝聚力和战斗力,就不可能有这一系列的成绩。

一个人如果整天与书为伴,就不至于彻底迷惘。因为读书能提高把握世界的能力和眼光。如果一个单位的人都热爱这个集体,愿意一直在这个集体中,那么这个单位是有前途的、有活力的、和谐的。

2015年7月20日

可忙不可乱

上午廉政谈话结束时是10点多一点，离下班还有一个多小时。我还有一篇人生感悟没完成。就我平时写作的速度而言，一个小时左右是可以完成的。但是今天中午，有个朋友从河南回来，叫我们几个朋友小聚一下，于是心里就有了些许压力。

因为牵挂着这个事情，所以写感悟时注意力没法完全集中，效率不高。越是心急，就越难进入状态，感悟就写得越慢。

以前读南怀瑾的文章，其中有一句话是“于事无心，于心无事”。他认为这是做事的最高境界。当时我似懂非懂。记得他是这么解释的：外面下大雨了，我们如果老是担心着出门的时候被雨打湿，做事就会不专心，效率就上不去，这叫于事有心。相反，如果不去想外面下雨这件事情，反正船到桥头自然直，安心地做自己的事情，这就叫作于事无心、于心无事。一个人只有拥有这样的心态，才能够把自己的学问、知识、才能发挥到极限。而达到这个境界，需要长期修炼，不断提高。

我就没达到这个境界。因为朋友们一直在催，心就乱了。尽管平时也有很多的事情，但是那些事都是自己可以把握的。但这件事却不是——朋友们11点半就到了，我感觉不好意思，所以希望快点写好，就“于事有心”了。越想快点，思绪越是断断续续，语句越是组织不好。原来想好的句子也忘得一干二净了。文章的前后句，前后段也有矛盾的。

我的习惯是，上午完成前一天的两篇人生感悟和做学习笔记。下午基本上就是整理今天的生活感想，思考题材，思考文章框架，思考内容层次。

而如今，我想把感悟先放一放，下午再写，又想想既然在写了就不要半途而废，结果是，越急越乱。到最后，自己也不知道写了些什么，表达了什么思想，唯一清晰的是题目叫作“文章的题目很重要”，内容可谓矛盾百出。越想把它快点写完，心里越着急，越着急就越没有思路，越没有思路就越急，这就叫恶性循环。

到11点半的时候，总算基本完成了这篇文章。其实，假如没有朋友在等，一个小时左右也就够了。但是今天，写了将近一个半小时，还是乱七八糟，自己都看不过去了。什么原因？因为于心有事，好比我们挑着重担在跑步，肯定跑不快。有时急中也可以生智，但那是偶然情况。大多数情况下，急中是会出错的。

当人着急的时候，心是浮的。一个人只有当心定下来的时候，他的灵性、他的智慧才能被完全激发。他的灵感就会澎湃而出，就做啥事都有事半功倍的效果。人如果有一个淡定的、踏实的心，做事情效率就比较高，成效也比较明显。但当心是浮躁的时候，就有飘荡感，就找不到方向。没方向的人永远没有路。

当人着急的时候，心是乱的。两件或更多的事情在心里争来斗去，所以你的这个心，就一下子在这件事情上，一下子在另外的事情上，一下子可能又跑到别的地方去了，永远也专一不了。而心不归一，则事不能办。你的思绪，也是一下子在这件事上，一下子在那件事情上，影响了思考的效果和做事的效率。心乱了，事情也就乱了。

有智而气和属大智，有才而性定是大才。不急不缓，学道可成。

一个人要达到做事不急不缓的程度，达到“于事无心”的地步，需要不断修炼，需要实践，这不是单单通过学习能做到的。人们应该在工作中、在生活中不断总结、思考并吸取教训，通过不断修炼，达到“事来则应，事去则无”的大境界。

下午回到办公室，我把上午写的推倒重写，因为实在不满意。

2015年7月24日

在老县堂说“和”

“和”是中华传统文化的核心，也是中华民族的基本精神。所谓“万物各得其和以生”，所谓“万物负阴而抱阳，冲气以为和”，意思是“和”是世间万物得以存在的根本属性。

一切的政治、经济、文化，从根本上说都是求“和”的一种方式。

中医认为，一个人有金、木、水、火、土五行组成。五行相生相克，循环而成。如果五行调和，则身体健康。如果五行不和，哪一方面偏盛，或哪一方偏弱，这个人就不健康。

一个人如此，一个国家、一个民族也是如此。将“和”用于文化建设，则可使百家争鸣，创新不断。将“和” 用于外交建设，则可协和万邦，实现天下太平。

今天的世界，无处不体现着“和”。我县的老县堂，就体现了一种“和”。

从历史上看，老县堂建于民国初期，是浙江省仅存的老县堂，文物价值极高。老县堂历经劫难而没被拆掉是有原因的。里面很大的一个因素就是政府和人民对文化的重视，对历史的尊重。就新世纪的行政中心搬迁那一次而言，这么一个城市的中心，可以说是寸土寸金，如果将老县堂拆除售卖地皮，应该可以增加许多财政收入。但是执政者顺民意、听民声，最后还是保存了这么一座古建筑。当然这个过程，也是反反复复，听取各方意见，尤其是天台县在外乡贤的意见，最后下的决定。无论如何，最终能保留下来，这就是历史的胜利，传统文化的胜利，体现的正是新和旧的“和”、文化与民生的“和”、人民群众内部的“和”。

从建筑本身来看，中西合璧，本就体现了一种“和”。我县的老县堂是典型的中西合璧建筑。从整体结构看，老县堂采用的是传统的中式梁架结构。从建设布局看，老县堂采用的是中国传统风格，包括大堂的正门，旁边两个厢门。而从装饰艺术看，包括门窗、玻璃、层高等采用的都是西方的建筑形式，结构精致玲珑。中西两种建筑风格，在老县堂内结合得天衣无缝、完美无缺，这就是一种“和”。

从里面生活的人来看，也是无处不“和”。这么一幢古建筑内，有五个单位，分别是人大老干部活动室、政协老干部活动室、机关老协活动室、劳动路改造指挥部后续办公室和天台县地方志办公室。这么五个单位的人在里面共同办公，一派其乐融融、春色常驻的和谐景象。这里的人互帮互助，互尊互爱，安静地工作着、休息着，安然地享受着盛世太平的生活。这就是“人和”。

世界万事万物总有一个中心，老县堂就是我县立县以来的中心。千百年来，在这里生生息息的天台人民，秉承这种“和”的文化，将其渐渐融入血脉。“和”的基因影响人们的思维与价值取向，也影响着我县的政治、经济、文化。尤其是我县的文化，总是呈现出一种气吞山河、海纳百川的大气象。正是因为“和”，我县才能有诞生中国佛教第一宗天台宗和道教南宗的土壤。也正是由于“和”，我县才能出现像济公、寒山子这样的世界名人，使我县成为名副其实的世界和合文化发祥地。

不论是“和、忠、勇、义”的“和”，还是“和合圆融”的“和”，还是寒山子“和合天下”的“和”，从本质上说，是一样的，都是一种大气磅礴、胸怀天下、圆融相生的大情怀。这种大情怀，不是只影响了天台一时，而是影响其每一个历史时代，并且漂洋过海，走向世界。这就使得我县的这种看似简单，平常至极的“和”，具有了世界的意义。如清代雍正御封寒山、拾得为“和合二圣”，国际兴起的“寒山热”，天台宗对世界的影响，都是天台“和”文化对世界的贡献。

当今这个总体太平、局部争斗不断的时代，尤其需要文化的交流、文明的对话。我们天台山的“和”文化，就为这种交流、这种对话，提供了一个有力的平台。

而今天的天台山文化论坛，就是这么一个平台——世界各种文化和文明对话、交流与融合的大平台，能够美人之美，帮助实现美美与共，天下太平。这个时代的主流是“和”而不是“斗”。因此天台山的“和”文化，正好契合这个时代，正好可以契合每个人的内心，天台的“和”风应当不断吹向世界，使人世间少一些孤独和纷争，多一些包容和温暖。

这么看来。我县老县堂的“和”其实意义非凡，价值巨大。

2015年7月12日

在老县堂品“静”

动和静是人生命的两种基本状态。我认为，所有的动，最后都会走向静，因此静是人生命的基本状态。

静也有几种不同的状态。“大漠孤烟，长河落日”，是宁静。“人闲桂花落，夜静春山空”，是幽静。“曲径通幽处，禅房花木深”，是寂静。

当然，静只是一种意境，是一种可望而不可即的意境；是内心对世界的一个反映，反映了人生命的一种状态；是一种修养，一种境界，一种高度。

我县的老县堂，就是在城市中心这么一个幽静的地方。

她的静来自三个方面。

首先是两旁郁郁葱葱的樟树，一字排开，包围着这个老县堂，使得这个不大的小院子很有一种深山藏古寺的美感。那茂密的树叶，也挡住了很多来自外界的声音。即使外面是分贝很高的噪音，经过层层的阻隔，最后传到我们耳朵里的时候，也变得很轻、很细、很柔，不再震耳欲聋，使人心烦意乱。

这一排排的古樟，就好像一列列卫兵，也好似一个过滤器，是天然的隔音器，使得在我县的城市中心，能有这么一个闹中取静，好似世外桃源的好去处。当时没有挖掉这两旁的古樟，实在是英明的选择，也是功德无量的事。

其次，这种静还缘于两旁的实砖结构。我县的老县堂，建造于民国时期，是浙江省唯一仅存的民国老县堂。正大堂的两边都是用实心砖砌成的，隔音效果非常好。我们站在一楼，几乎听不到来自外面的声音，好似置身另外一个世界。特别是站在这小天井的桂树下，根本感觉不到这是在城市的中心，会让你忘却时光在流逝，感觉时间就是静止了的，凝固了的。凝固在哪里？就在当下，就在这个郁郁苍苍、生气勃勃的小院子里。虽然在2013年整修的时候，这个院子许多地方都被做了改动，但是总体的结构并没有改变。这就使得这份宁静、这份美好，一直在延续。

再者，这份静来自历史的厚重。我县自三国时期立县，至今已有1800多年的历史。在这1800多年中，这里一直是我县的中心，不论是政治、经济，还是文化方面都是中心。也就是说，我县历史，甚至有些涉及中国历史和世界历史的事情，都是受这里影响的。这话也许有些夸张，但是历史就是这样，人的任何一个行动，都可能引起蝴蝶效应，改变世界。因为历史的发展总是一环扣一环的，连续不断的，是个共生体。

例如，我县的佛教天台宗就有世界级的影响力。因为天台宗的思想，对后世的华严宗、禅宗都有了很大的影响。特别是智者大师“五重玄义”的讲经方法，为后世说法所运用，一直至今。

也正因此，这个小院子有了庄严肃穆感和历史厚重感。人的情绪会受环境的影响。比如我们在大街上、在菜市场会大吵大闹。但是，当我们到了寺院、图书馆、博物馆等富有文化厚重感的地方，就会自然而然地安静下来。这就是环境对人的影响。

老县堂也是如此。那份厚重，那种肃穆，那份气场，足以影响周围的一切。即使是旁边实验小学的小学生们上下学的时候，老县堂周围也显得十分安静。这就是气场，这就是环境的力量。

站在正堂两边的小天井里，你会感觉到自己是从幽远的隋唐走来，走向遥远的未来；还仿佛会看到，智者大师在华顶降魔，张伯端在桐柏宫悟道；还仿佛会看到济公摇着扇子，向我们走来；还仿佛会看到寒山子漂洋过海。这时候你就会感觉到，你就是世界，世界就是你。世界那么大，全在我心中。心有多大，世界就有多大。

世界是要用心去体会的。一个安静的人才能体会到世界的美好，才能做到心物合一，才能有大成就。

春秋时著名的琴师伯牙，刚开始学琴时连学三年都没有学好，他的老师很生气,对他说:“我有一个老师,在蓬莱岛上,能够教好你,我带你到那里去,你会有大的成就。”老师带他到岛上后,自己就走了。这个时候伯牙发现,哪里有什么老师啊!自己分明是到了一座荒无人烟的荒岛。想回去,但是想想老师的话一定有道理,就静下心来,安静地弹琴。这个时候,他认真倾听了大海波浪的声音、风吹海面的声音,认真观察了岛上的一草一木。也就是这个时候,伯牙明白了,琴声的真正含义,是将心融入琴声之中。他的琴艺果然有了大提高,也有了大成就。

静是能够积蓄能量的。如我们休息,其实就是一种静,在休息中我们的能量得到了补充。

老县堂就是这么一个能让人静心的地方。

静,可以用眼睛看,可以用耳朵听。不过老县堂这种静,是用心品的。如果你用心品的时候,会发现,老县堂不是一座小院子,也不单是一处古建筑,也不是几个单位的办公用房,而是整个世界。这就是静的魅力。

2015 年 7 月 11 日

在老县堂看“绿”

椒江回来后，几个文友来访，都不约而同地谈到老县堂那份浓郁的绿。

绿色是一种美，也是一种希望，是生命的色彩。

我也知道，我们的老县堂是美的。我也写过《老县堂的美》《老县堂听雨》等几篇富有思想又有情感的文章。文章是思想和情感的综合。只有思想，没有情感，那是教条，文章就不能打动人。如果只有情感，缺乏思想深度，文章就没有灵气。

老县堂的绿，我真的还没有细心地品味过。也许心中已经把它融化为美的一部分了吧，故熟视无睹。

文友说多了，我就开始细细地品味老县堂的绿。

中午，我从办公室搬出椅子，靠着栏杆，听着小雨，静静观赏她的绿色，那份浓郁的绿色，那份令这么多文友赞叹不已的绿色。

从四周的格局来看，老县堂两旁都是樟树，刚好高过屋顶。这就使得丛林掩映下的老县堂真的有一种“曲径通幽处，禅房花木深”的禅意之美。虽然从园林设计的合理性上说，房屋前边应该是种小树，两旁应该是种中等的乔木，后面应该有大树。但是，当时这里是全县的行政中心，她的后面是山，是整座的天台山脉，与整座的天台山脉相比，旁边的樟树，都变成了小树苗。

在老县堂内部，大堂和旁边厢房之间，那一株柏树，因为太茂盛了，每年台风来时，其枝叶都会敲打屋顶的瓦片。所以2013年整修的时候，这株柏树下方的枝叶都被锯去了，这使它显得格外挺拔。茂盛的树木不挺拔，挺拔的树木不茂盛——自然界自有其平衡的道理。

文友所指的那种美得令人忘记时间的绿，主要指的是院子里的各种绿化，也就是楼下离退休老干部们精心种植养护的花花草草。

不大的院子被分成了四个小块，每一块都布满了绿，各种可爱的绿。稍高一点的，有金桂、丹桂、石榴、琵琶，这些是树。这些树拓展了垂直空间，使得这种绿色不至于过分局促，增加了绿的层次感和张力。中等个儿的，有蝴蝶花、紫荆花、海芋、绣球花、剑兰、吊兰、米兰、黄瓜、蒲瓜、天萝等。这就使得别人一走进老县堂，就仿佛进入了另一个空间，目光所及，皆是层层叠叠的绿。再矮一点的，有韭菜、观音菜、苋菜、香菜、草莓等，这就让得别人一走进这个小世界，能感受到满地的绿。所以一个文友说，这种绿，绿得踏实，绿得丰富，当然也绿得舒服。

这些绿色植物都是直接种在地上的。此外，老干部们因地制宜，想出了许多绿化办法。一楼走廊里，全部是绿色的盆景。这些盆景，有种在花盆里的，也有种在油瓶里的，甚至有种在茶杯里的。

一位作家说，我们可以从一块菜地看出一户人家的时日光景。同样，我们也可以从这个花园般的院子里，看出生活在这里的人们的心态。

这里是四季如春的，因为在这里，春天不是季节，而是人和。这里的人也是不老的，因为年老，不在年龄，而在心态。这里的人可以把每一天都过得充满欢喜，快活自在，所以永远是不老的。这就是这里人们的生活，这个小院子里的生活。

老县堂的绿，是有特色的。

首先是内外和谐的绿。丛林掩映下的绿，是层次不同的绿，是虽在城市中心又如同身处山区般自然的绿。这就是老县堂的最大特色。因为别的地方，可能也有这么绿的小院子，但是四周可能全被钢筋水泥包围着，那种绿就显得小家子气。而这里，既有大绿，古木参天的绿，庄严的绿；也有盆景里的，甚至小茶杯里的绿，那种小巧玲珑的绿，活泼的绿。这是其他地方所没有的，尤其是在城市的中心。

其次是院子里层次分明的绿。不大的院子里，分成了四个小区块，每个小区块，既有树木，又有花草，错落有致。还有缠绕树的蒲瓜、天萝等。这就使得整个区块，既能使人感到满地的绿，又不使人感到审美疲劳。也就是，不乏张力和美感。一张纸上如果画满了同样的事物，就让人觉得无聊，而这种感觉在层次感中可以得到消除。

再者是生产和生活结合的绿。这里的观音菜是抗癌的食物，长得很快，种上没几年，丹桂树下就一大丛了。黄瓜、蒲瓜、天萝、香菜、苋菜、韭菜都可以作为一日三餐的食材。石榴、琵琶、草莓都是作为水果供我们吃的。也就是说这个绿，既美化了我们的环境，使我们心情感到舒畅，同时也给我们提供了食物。此外，我们在劳作中还能锻炼身体。这实在是一举多得的事情。

生活在这种环境里的人们，没有理由是不幸福的。

这就是老县堂的绿，令人看了一次就着迷的绿。富有生机的绿。

2015 年 7 月 9 日

在老县堂说“老”

和“新”相比,“老”一般都是不大引人注意的。

但也有特殊的,越老越有价值的,比如文物,比如陈年的老酒,比如爱情,都是越持久,越芳香。

又比如人,一个人即使年纪轻轻,如果不学习,心态又不好,实际上已经老了。相反,一个老人,如果时刻学习,心态又好,性格乐观,是一个有智慧的老人,就永远是年轻的。所以有人说“任何停止学习的人都是老人”。因此人老不老是不以年龄为界限的,而是以心态、心境、心性为界定标准的。

人如此,物其实也是如此。一物有一物的价值。许多事物的价值大小在于我们如何去使用。如果使用得当,就有价值,就是没老,就是新的。如果不去发挥价值,就是没人关注,就是老了。

我县的县府大堂,是我县自建县以来的行政中心所在地,已逾千年。千年的历史,对于一个县城而言,可谓长久。我们习惯叫她老县堂,因为她是我县老城真正意义上的中心所在。

老县堂的“老”,应该包含如下几层意思。

首先是历史久。自我县立县以来,这里就一直是行政中心所在地,见证着我县的繁荣发展,是一段段历史的见证者。目前的建筑,是民国时期建造的,是一个时代的见证。所以她的老,代表的是一段段岁月和一个个故事。

其次是内涵深。一国有一国之中心,一县也有一县之中心。中心就是核心,是一地之灵魂。中心强则辐射强,就如一盏灯,只能照亮一间房,而太阳却可以照亮整个太阳系。我县能有如此灿烂的文化,对人类文明做出如此巨大的贡献，主要就得益于这个核心的强大和这个核心的丰富内涵。

再次是价值高。一幢普通的古建筑，究竟有何价值？她代表的是一种信仰、一种美，是能引起人们遐想的美，不是事物本身的美。我们看到五星红旗，就想起革命烈士，就想起爱国，就会产生一种崇敬之情。我们看到这座古建筑，就会想起我县悠久的历史文化，我县人民的勤劳勇敢和智慧，就会使我们感到无比自豪。

今天，我们仍然保留这座古建筑，这个意义也是很大的。在一定程度上可以说，老县堂不老。

首先，老县堂的存在，是一种符号。如果有人问我们天台县的中心在哪里，我相信大多数人都会指向老县堂。老县堂的存在，本身就是一种符号。什么符号？历史悠久、文化灿烂、人民勤劳、贡献巨大的符号。老县堂是文物保护单位，是研究民国时期，我省乃至我国的历史文化的实物资料，一定程度上可以说是一部活教材。

其次，老县堂的存在，是一种精神。行政中心搬迁、旧城改造，是我县跨入新世纪之际时城市建设的两大主要工作。我县在行政中心搬迁以后，在这个中心区块，寸土寸金的地块，能保留这么一块地方用于文化建设，可见在领导班子心中文化之“重”，也可见文化对领导者的影响之大。所以老县堂的存在，是一种精神，一种以文化为重的精神。

再者，老县堂的存在，是一种力量。国旗能振奋人心，让人产生爱国之情。走进寺院，看见菩萨，能产生恭敬之心，从善之心，这是信仰的力量。同样，老县堂的存在，那种庄严肃穆，也会激发人的自豪感，让人产生一种积极上进的力量。这种力量，虽然是看不见的，但作用巨大。

老县堂是老的，因为已经经历千年的岁月。

老县堂又是年轻的，她的作用巨大，时刻在向人们传递一种信息，倾注着一种力量。

老县堂老的是躯体，年轻的是精神。

灵魂不老，躯体不倒。

2015 年 7 月 15 日

在老县堂看“天”

天有自然之天、道德之天、法律之天。这里指的是自然之天。

夏日的午后，坐在办公室的椅子上，对着窗户，我认真地看起天来。

老县堂的窗户，建于民国初期，总体是木结构的，但镶嵌的是玻璃，是典型的中西合璧的结构。

透过窗户可以看到院子里的那株金桂，刚好高过窗户的玻璃门。因此坐在椅子上看还真有一种若隐若现的感觉。到了10月份，桂花的香气十分浓烈，可以弥漫整个小院子。

再看过去，就是大堂和厢房之间的柏树，很是茂密，也很高大。这棵树挡住了我的视线，使我在办公室看天受到了很大的限制。透过密密麻麻的树叶，我看到了被分割成一丝丝的不规则的世界。其实，世界的形状，完全在于我们看它的角度。角度不同，看这个世界就不同。有多少个人，就有多少个世界。有多少个角度，也就有多少个世界。坐在办公室里，躺着看，是一个世界；坐直了看，又是另一个世界；头稍微低一点，也是一个世界。并且，在我的眼里，无论哪一个世界，都是丰富多彩的。

柏树后面，是老县堂的屋檐。2013年整修时屋檐上安装了避雷针，此举没有破坏一点屋檐古色古香的味道。当时的整修，指挥部花了很大的心思。因为是文物保护单位，所以从申报整修，到资金筹措，到整修单位确定，到最后验收，层层把关，才有今天老县堂的原汁原味。因此，这是功德无量的事。

我们的视线出了老县堂，能看到的就是民房。其中有一家火锅店，生意还是不错的。因为我对火锅不是很喜欢，只去过一次，所以也没多大感觉。

再过去，就是曾经是我们天台标志性建筑的钟楼。在 20 世纪 90 年代，这个钟楼是天台的标志。可惜的是，从我到县志办以来，这个钟的指针就一直停在一个时间，也就是 1 点 37 分，没有再动过。成了一大摆设。

钟楼之后，我已经看不大清了，只能隐隐约约看到远处连绵的群山。那是比较远的，已经过了始丰溪，是桥南的民居群，还有许许多多的村庄。但这些我用眼睛是看不到的，我只看到他们后面绵延的群山。我们天台就是个大盆地。我们生活的地方，其实就是这个盆地的底部。勤劳、勇敢、智慧的天台人民，就在这盆地底部，生生不息，创造出灿烂的文化。北面是天台山脉，南面的山属于大雷山脉。我也不知道坐在办公室里能看到的那些山具体叫什么名字，只知道它们是大雷山脉的一部分。

坐在办公室里，我用眼睛看到的其实也就是这些。

世界很大，我们能看到的总是有限的。我视力不大好，但换一个视力好一点的人来看，即使使用望远镜来看，他所看到的世界终究还是有限的。因此从本质上来说，我们用来看世界的眼睛都是近视眼。我们看世界，都是盲人摸象，只能了解其中很小一部分。我们对事物的认知也一样，虽然有大无知和小无知的区别，但从本质上来说，还是无知。

我们看世界，除了用眼睛看，还要用心。眼睛看到的，毕竟有限，但是用心看，可以看到很多。脚步走不到的地方，眼睛可以看到；眼睛看不到的地方，我们的心可以到达。我们的心是尽虚空遍法界的。当我们安静下来的时候，我们心可以通达宇宙，可以看到世界的每个角落，可以把世界分辨得清清楚楚、明明白白。比如：我们可以看到早晨县大堂前面的广场上人们在跳舞；可以看到人民西路上川流不息的人群；可以看到始丰溪的流水；可以看到古时的航运码头；可以看到曾经的始丰湖；可以看到五水共治的成果；可以看到鱼儿在欢快地戏水；可以看到早上人们在放生；可以看到修筑防洪大坝的艰苦的场景；可以看到桥南社区自力更生，清洁家园，改造老旧小区的场景；等等。这一切都可以用心看到。

用眼睛看，可以看到实体。用心看，可以看到无形的东西。用眼睛看，需要视力。用心看，需要知识、需要智慧。用眼睛看，可以看到现在。用心看可以看到过去，看到未来。

坐在老县堂的办公室里，用眼睛看天，看到的是一个个奇形怪状、支离破碎、不成规则的世界。用心看，看到的是千年的历史文脉，看到的是文化的传承和创新，看到的是天台人民的勤劳不息，看到的是小县大城建设，看到的是我县抗洪救灾的感人场面，看到的是三千壮士出天台——看到的是历史和未来。

一阵雷雨过后，走出办公室，看到的是一片蔚蓝的天空。

2015年8月29日

在老县堂听“雨”

下午从新华书店回到办公室时，雨下得很大，噼噼啪啪的，我觉得很好听，干脆就关起办公室的门，拉起了窗帘，静心地听了回雨声。

时间是15时48分。

在钢筋水泥的世界里，很难听到以前雨打瓦上的那种滴滴答答的动人的声音的。而老县堂就是这么一个还能在里面听到这种声音的好地方。

我的办公室在二楼，这样，就能更清晰地听到那淅淅沥沥的如夜曲般的雨声了。

看景远不如听景。《法华经》的“法师功德品”提到法师的功德，眼只有八百种功德，而耳朵就有一千两百种功德，因为耳根较眼根要圆通。也就是说，通过听能更加静心地了解世界。

我闭上眼睛，静心听雨。

因为到了梅雨季，这几天雨下个不停。有人说春雨如夜曲，秋雨如思乡曲。那么这梅雨如什么呢？我想应该如相思曲吧，总在心头，挥之不去，不绝如缕。

那噼噼啪啪是雨点打在瓦上的声音，那滴滴答答是雨滴落在地上的声音。那相对较重的，好像还伴随着飞溅的水花的，是瓦沿水落地的声音，还有细细密密的是雨丝落在前面那株柏树上的声音，不静心根本听不出来的。其实我能分辨出的也就这么几种雨声。

而《法华经》中的妙音菩萨竟然能分辨出一万多种声音，真是了不得。这是要经过多少年的苦修，才能成就如此圆满的功德。

水，是最普通的，但水又是最重要的。生命的四种方式，无论是卵生，还是胎生、湿生、化生都离不开水，所以说水是生命之源。

这些雨水，都汇聚到始丰溪，然后汇集到灵江，最后流入东海。

2500多年前，释迦牟尼问他的弟子，一滴水怎么办才不至于干枯。弟子一时间回答不上来，释迦牟尼说，一滴水，只有汇入大海，才不至于干枯。同样，一个人只有融入社会才能发挥自己的能量。单打独斗，力量总是有限的，要把自己的力量、自己的才智融入社会，在集体中才能发挥出自己的光和热。

人心都是相通的，文化其实本质上也是相似的，都是对人性的一种解读，不同的是表现形式。

我们中国也有一个哲人曾思考过水的问题。不过他思考的是水的伟大之处——能够随形随质，放在不同的容器里，就有不同的形状，不与人争，但利万物。这就是“上善若水”。这个哲人就是老子。

关上门，拉上窗帘，这间办公室就是我的整个世界，好像隔断了我与外界的联系。但是我的心却是自由的，可以上天，也可入地，可以回溯往昔，也可以畅想未来，可以有形，也可无形，可以哪里都不去，又可以无处不在。当然，这是快乐的心，独居不等于是孤独的。

现代许多人都在杯盘狼藉、莺歌燕舞之后感到从未有过的空虚和孤独，这是因为未从内心找到快乐。心是快乐的源头。一个人只有从内心找到快乐，才能永远快乐。如果没有心的改变，人的生命不可能有实质性的改变。

有些人用热闹来排遣内心的孤独，结果是更加孤独。有些人就用购物来消解内心的空虚，其实购物过后，反而更加空虚。因为这种快乐只在付钱时那一刹那才有，那时心灵得到某种意义上的满足，而这种虚无缥缈的满足感实际上是一层经不起推敲的肥皂泡。

心的改变是一切改变的基础。

一阵急雨声，把我的思维拉回到眼前。是一阵大雨，就好像千军万马，雷鼓阵阵。不过从大的、整体的眼光看，这个比喻是不恰当的，但是从局部的形象来看，这种气势、这种力量之美还是恰当的。

我想地面这个时候肯定溅起了一个又一个大水花，路上的行人这个时候应该都在躲雨了吧。小雨有人可能不躲。我在办公室听雨前就在新华书店，是冒雨赶回来的，那时还只是小雨。其实最容易打湿人的是小雨，因为不在乎、无所谓，就不会打伞，就容易被打湿。而像现在的大雨，要么躲了，要么就会打伞。

人都是这样，容易在小事情上犯错误，在大事情上往往比较谨慎、仔细。

外面传来鸟叫声，肯定有鸟儿躲在屋檐下。它们在叫什么呢？是欢呼，还是悲伤？我听不懂。不过以我们人类的思想去思考，应该是悲伤地叫吧。雨下这么大，到哪里去寻吃的？以后的日子怎样过下去呢？不过这也许根本就是主观臆测。有些事只有亲身经历才能理解，否则永远只是雾里看花，水中望月。以自己的主观去认定别人的思想，自己知道的认为别人也是知道的，这会造成多少沟通的障碍。这是人类的一种通病。

不知啥时候，雨声也没有了。我的思绪也回来了。

听雨的时候真美妙，能感觉到内心发出无比强大的力量，能感受到世界角角落落落的美妙。

这种美妙只能用心去体会，无法用文字准确地表达出来。就像禅宗的“不可说”一样——“但有言说，都无实义”。

2015 年 6 月 19 日

题好一半文

回县志办上班后，因为对老县堂的感受，写了一系列关于老县堂的散文。有关于老县堂的绿、老县堂的雨声、老县堂的“和”，等等。可以说每一篇都有一个突出的主题。

发给一家报社，编辑说很好，准备做个系列。

结果，文章刊登出来的时候，在一系列标题前加了个总题目叫“老县堂漫谈”，把一系列突出的主题，都变成了次级标题。用这个大标题很有特色，比较概括，比较全面，但是我认为还是原来的那一个个小题目比较有活力，比较有灵气。标题之于文章就像眼睛之于人。眼睛是心灵的窗户，不同的眼神可以看出不同的个性和情绪。标题亦然。这一概括起来，文章就没了个性和特色，反而透露出一种呆板的气息。当然文无定法，贵在得法。不同的人，有不同的思维。

不过就此事，我也进一步认识到文章标题的重要性。

一个好的标题，应该有一个精准的切入点，既能一目了然，又对整篇文章具有高度概括性。一些好的文章的标题，如鲁迅的文章《从百草园到三味书屋》《故乡》等，一看题目就能明白文章的大意所在。我的一篇文章，原来的题目是“在老县堂听雨”，会使人想起那滴滴答答的雨声，有引人深思的力量。“在老县堂看‘绿’”也一样。但是如果题目起得过于宽泛，就让人感受不到这样的意境。可见，一个好的标题，应该是带有提示性的。应该有两个精准表达文章精髓的字眼。也许就这一两个字，能够提升文章的意境，概括文章的内容，提升文章的主题。别人阅读文章，可能就奔着这几个字眼而去的，所以这几个提示性的字眼很要紧。拆分开来讲，主要包括以下几个方面。

一个好的标题，应该是引人入胜的。如《谁是最可爱的人》《狼牙山五壮士》等文章，别人一看到题目，就会开始遐思，从而被激发出阅读文章的兴趣，不断地读下去，了解文章的内容。

一个好的标题，主题要明确。如果文章的主题不明确，杂七杂八的，就会让人摸不着头脑。因为标题是包含内容的，内容可以杂，但是标题只有一个。所以文章应该有一个明确的主题。如主题明确，加上一个好题目，就是一篇好文章。因为标题是应对内容而言的。没一个好的标题，整篇文章就会大大逊色。

一个好的标题，语句要精炼。如果语句太长、太啰唆，别人一看题目就烦，也就失去了对文章的兴趣，这篇文章也就失去了价值。言简意赅地表达出文章的中心思想，使人一目了然，才是个好标题。

好标题，表达要准确。一篇文章的题目，如果让人觉得不知所云，就不是一个好标题，它的表达应该十分准确。要让标题精准表达文章的大意，有时需要反复推敲很长时间，这也能让标题有生命力，能感染人。

一个好的标题，逻辑要严密。说话显示一个人的反应能力，文章显示一个人的逻辑推理能力。一篇文章，如果逻辑不严密，肯定不是好文章。尤其是题目，更应有一个严密的逻辑。

一个人的气血看头发，一个人的心术看眼睛。所以说眼睛是心灵的窗户。一个人如果心术不正，看他眼睛就知道了。文章亦然，好不好，有没精气神，看看题目也能知道一二。

秧好一半谷，题好一半文。题文章的标题很重要，所以要多思考，多推敲。

2015年7月23日

关于政协信息的新思考

政协信息是政协系统唯一的上级对下级考核的项目，报道的是社情民意，反映的是有关民生的建议意见。

有考核，就有竞争。这种竞争虽不涉及里子，实际上却关乎领导人个人的面子，所以各地都十分重视。我们浙江省在全国省级政协信息考核中几乎年年是第一。台州在浙江省地级市政协信息考核里也几乎年年是第一。

我接触政协信息其实是比较早的。2001 年我刚到天台政协时，时任政协主席的王世重同志从市里开会回来，说天台政协的信息工作做得比较差，要加把劲。王钦赏秘书长当时叫我和奚晓星各写一篇报上去。我记得当时我正在进行历史文化名城保护与开发问题的调研，刚好有一些想法，就写成了《历史文化名城应保护与开发并举》。没想到马上就被征用了，并且还在《新台州》上刊登。

人生路上任何“第一次”的影响都是很大的。这个第一次，增加了我写信息的信心。以后天台的信息员队伍换了一批又一批，我都一直在，而且几乎每次全会上都能得到表彰，直到现在。

我的目标是努力做到在中间水平，不要太靠前，也不要太靠后。太靠前了，别人会对你抱很大的希望，这其实意味着压力。盛名之下，其实要副是很难的。如果太靠后了，等于可有可无了，你在这个组织里也没啥意思了。过得去就可以了，这是我的原则。

为提高信息员队伍的写作水平，政协机关可谓想尽办法，又是请省、市政协的同志做辅导讲座，又是请外地写得好的专家来交流心得，又是开信息员座谈会。特别是徐建平同志专门搞信息工作以来，通过电话催、上门催、短信催等各种不同的形式，使我有时感到不写都不好意思了。

5月27日，徐建平在QQ群里通知说当月28日要开个座谈会，邀请市政协程尚送同志和路桥统战部陈理斌副部长与大家做个交流。

程尚送同志的课我听过多次，讲得很专业、很深入。陈理斌的课我也听过几次，讲得确实有水平，讲话内容很有见地。但是我始终认为，在听别人的课一两次之后，如果自己还没有领悟什么，再听下去也是浪费时间。一个人的悟性，其实是可以培养的。多用心学习，又能专一其心，人的悟性就会得到开发，关键还是有没有上心。

正是基于这样的想法，我提出28日有事情，请个假。结果徐建平问："那29日星期五下午有没有时间？"我也不好意思再推了，就答应下来星期五下午3点准时到。

星期五下午2点40分，徐建平就开始打电话催我一定要来，这使我再也不能推脱了。

会议中首先发言的是陈理斌副部长。他以实际例子介绍了自己今年写的几条重要信息，讲述了从构思到写作的全过程。这样的讲述方式，使我受益颇多，他讲到宗教场所老人协会收费问题，讲到办理港澳台通行证程序烦杂的问题，讲了这些问题从信息发现、框架搭建到内容填充完整的过程，确实使我受到启发。接下来市政协的程尚送处长讲了几个写作技巧，并实例分析了天台的几篇稿子，我再次受到了启发。

因为要接小孩，所以我中途告退，这是一大遗憾。

回来后，我把下午的学习心得总结了一下，发现这次听课比以往几次学到的都要多，收获要大。主要有以下三个感悟：

第一，神经要时刻绷着。比如陈理斌在开会时、在与别人的交谈中，就能发现很多信息点。

第二，笔记要时刻记着。两人都在手机里面记了很多信息点，因为有些念头稍纵即逝，必须马上记下来才行。

第三，知识点要时刻通着。由老人协会宗教场所收费，陈理斌想到党员信教，想到用中央对浙江巡视组反馈的整改意见来作为信息内容。知识自然就通了。

而要做到这些，需要真正投入精力与注意力，需要激发兴趣。有兴趣，才能乐在其中，感觉不到苦和累。

如何写好信息？这天下午我收到的启发是：切口要选小，意义要写大，建议要提圆。

真是收获颇丰啊！

凡用心处，皆可学习。

2015年5月29日

一次即兴讲课

下午县政协开信息员会议，奚晓星同志建议，开完会后大家抽出一点时间，听我讲一讲佛教文化课。

对这个建议，大家一致说好，但是我内心是不想说的，因为尽管自己平时也在研究，但是离讲课的高度，自认为还有相当的距离。讲课需要大量的知识积累和丰富的经验，而我自认为在这两方面都不具备。讲课有讲课的技巧，这个技巧一般在寺院里，在大学的课堂里，有专业人员专门传授。而我自己在这方面一窍不通。还有，如果切入点小，那我结合佛学理论，还是可以发表一下自己的见解的。但是要我讲佛学，给我一个这么大的概念，实在无从下手。还有一个原因，就是时间比较匆忙，中午又要休息，根本没有什么时间可以准备。时间少，环境又很嘈杂，我很难静下心来思考，因此，讲课也无从谈起。所以，对这种即兴讲课我是极力推脱的。

结果，也许因为他们对我比较了解——我对佛教文化比较感兴趣，平时思考也比较多，小文章也偶尔在发。他们一定要我讲。在这种情况下，我也不好再三推辞，所以最后答应下来，给同志们讲半个小时。

平时我们漫谈时，半小时是小菜一碟，但是要正儿八经地讲课，我自己感觉心里没底。许多事情，因为在乎，就会对它们失去平常心，反而做不好。

饭吃了，回寝室睡觉时，心里还一直在琢磨要从哪一个方面入手，毕竟这么大的范围。想来想去，最后决定讲为什么要学习佛学，也就是学习佛学对我们来说有什么作用，再结合自己在信息工作的经验，即如何用佛学的思想、佛学的思路、佛学的理论来指导信息写作。对，就讲这两个方面。

人可以没有宗教信仰,但不能没有宗教情操。因为佛教是解苦的良药。具体佛学有什么作用。我认为可以解决四个方面的问题,即可以解决身不由己的问题,可以解决心不由己的问题,可以解决乐不由己的问题,也可以解决死不由己的问题。这四大问题,其实是人的根本问题。这四大问题解决了,尤其人的生死问题也解决了,人就可以了悟了。我的思路,就是按这四个方面走,还需要深入浅出地讲解,使大家有所收获,内心有所启发,思路有所开拓。如果听了以后大家感到意犹未尽,哪怕只持续那么一小会儿,那也是成功的讲课了。讲课就是如此,如果讲得好,即使讲很长时间,听众也不会感到累,不知老之将至。据说,日月灯明佛讲《法华经》讲了六十小劫,但别人听起来好像只持续了一顿饭的工夫。

信息会议结束约5时15分。之后我就按照以上几个方面开始讲课。偶尔他们也插上几句,问一下,活跃下气氛。最后,我将这次讲课归纳为:勤修戒定慧,熄灭贪嗔痴。这就是佛教的基本内容,是对佛学做的一个大概论述。结束时间为5点40分。

我的认识是,这次讲课时间不是很长但是内容还是丰富的。这个时候刹车其实正是时候,原因有两点:第一,下午的主题,不是听这个,不能喧宾夺主;第二,再讲下去,我的条理可能就没那么清楚了,效果可能就打折扣了。

这次讲课其实比较匆忙,但对我来说,收获很多。我看到了其中的功德。我看到了自己的不足,内心得到很大的启发,这就是这件事的功德。

第一,看到自己在语言表达能力方面的不足。

除去学识丰富这一必备条件不讲,讲经说法,更多的是考验一个人的思维表达能力。不像写文章,更多的是考验一个人的思维严密程度。于我而言,一开始说,就是要思考怎样把话说圆、说好,这是我的短板。平时我也知道自己在这方面的不足,所以凡有重要的发言,我都会事先列出提纲,或者准备一些简单的草稿,演讲时可以偶尔读一下。但是今天没有,因为时间上不允许,所以就在心里列了个大概。结果有些时候思维跟不上,表达就不准确了。今后想要真正“出道”,在这方面必须加强,必须让自己的思维敏捷起来，表达准确起来。能不能改变这个习惯，在这个方面有所提升，对自己是否能够有所作为影响很大。尽管平时自己也认识到，但从来没有像今天的认识这么深刻，因为今天根本没怎么准备的，这是对自己一次真正的考验。

第二，看到自己在佛学知识方面的不足。

看那些大师，讲起课来，既生动，又顺畅，别人还很喜欢听。听他们讲话是很大的享受，让人浑然忘我，在潜移默化中启发人生真谛。

而我今天讲的，虽然在某些方面，对大家有所启发，比方说，心的种类，快乐的分类，死亡的分类，其实大家都可以用的。但是自己总感觉缺少那么一点点状态，缺少点运用自如的状态。内心思考了一下。这其实是佛学知识不足的表现。这是从根本上的认识，因为如果佛法知识在心里运转自如，就能人圆、法圆、听者圆，就会让人有种醍醐灌顶、大开眼界的感觉，就会让人有种生命的提升。

第三，看到自己自信心的不足。

其实，讲经说法，自信心也很要紧。同一部经，不同的人有不同的说法，关键是如何把它说圆，让别人爱听，对别人有启发。讲经没有标准，关键是如何把大家的思维引领到善良、助人为乐这个方面去。这就是正法，就是善法，就是讲得好。

而我，在讲的时候，因为准备得也不是很充分，老是怕讲错，怕把经讲偏了，反而束缚了手脚，无法表达佛学的真谛。一些应该讲的很重要的内容，因为怕讲错了，就跳过去了。这也大大影响了说法的质量。有些应该发挥的也没发挥，影响了说法的生动性。这些问题其实反映了我自己自信心的不足。尽管从大家的反应来看，思路的启发还是有的，但是如果我再自信一点，把自己内心的意思顺畅地表达出来，可能这种启发性更大，效果就更加明显了。

一堂比较匆忙的讲课，对我而言，是收获多多的。有听众反映，要我把讲课的内容写成文字发给他们，也有听众后悔当时没录音的。但是，我看到了自己这么多的不足，这么多需要提高的地方，也是第一次在没有讲稿，没有充分准备，没有安静思考的情况下，做的一次交流，从而充分认识到了自己的不足，需要完善的地方和改进的方向，我的内心实际上是很高兴的，因为闻过则喜。

看到自己的不足，也是一种功德。

2015 年 8 月 3 日

一件功德无量的事

早上，参加民政局召开的关于抗日英烈纪念碑的座谈会，主要是讨论碑文的事。

碑文由天台县党史研究室曹钦涛主任撰写。可以看出曹钦涛主任是花了很大心思写的。内容很是翔实，结构也完整，逻辑也严密，文字也严谨。

但是凭以往的经验，我知道，凡是讨论这种东西，总会被挑出许多所谓的缺点，没有三遍是定不了稿的。

因为很多话，内容不是关键，是谁说的最要紧，所以我对碑文没提多大意见。但我认为碑文事关重大，虽然当时没表达，但已经有了想法，由此诞生了此文。

这个纪念碑的建立不仅仅是立一块碑这么简单的事。它是一个系统的工程，要花费很大的心思并确立周密的计划，目的是纪念我县在抗战中牺牲的七千多位英烈。这是一件合乎时代、顺应民心的事，是一件功德无量的大好事。

从意义上说，建立天台县立抗日英烈纪念碑，主要考虑到以下几个方面。

第一，这是继往开来的需要。

我县是抗日示范县。在抗日战争中，大批的天台儿女舍家卫国，奔赴前线，光为国捐躯的就有七千多人，为抗日战争的胜利做出了不可磨灭的贡献。

但是随着时间的推移，一些人对此产生了疏远感。甚至有人否定这段历史的存在。

忘记历史就意味着背叛，这对于一个人、一个国家来说都是一样。以史为鉴，才能知兴替，才能坚定自己的脚步，走向更加美好的明天。这实际上是厘清思路、增加定力的必须之举。

近几年，几乎每年县里的两会都有人提出建立抗日英烈纪念碑，提议者主要是抗日英烈的家属。这类建议得到全县很多有识之士的赞同，基本已经形成了共识。

所以县委、县政府顺应民心，打算做这么一件大好事。

第二，这是凝聚人心的需要。

社会需要精神，时代需要共识。在全县上下积极投身小县大城建设的今天，尤其需要一种精神的力量来集聚民心，形成合力，攻坚克难，因为民族的崛起都是以民族精神为先导的。

而我县抗日英烈的精神，那种舍生忘死，舍小家顾大家的精神，正是每个时代都需要的。所以这虽然只是一个纪念碑，实际上却是一面旗帜、一个平台、一种力量，表示一种精神的方向。

第三，这是天台精神的需要。

人是需要精神支撑的，国家和社会也一样。近年来，国家对抗日历史教育和抗日精神传承越来越重视。从我县层面来说，让我县人民铭记这段历史，可以使我们更有凝聚力，更有使命感。这是天台精神中不可或缺的一部分。

总之，修建抗日英烈纪念碑是一件功德无量的事。

2015年6月17日

宁听骂声，不要哭声

2015年7月4日，温岭市大溪镇佛陇村捷予鞋材厂发生房屋坍塌事故，造成严重人员伤亡。事故发生后，省市领导十分重视，分别做出重要批示、指示。

为深刻吸取事故教训，贯彻落实省市领导批示精神，天台县政府决定在全县范围内开展安全生产百日整治集中行动。7月6日上午，县政府召开动员大会。

会上，天台县委副书记、县长杨胜杰通报了温岭“7·4”事件有关情况和全市安全生产工作现场会精神。县安监、消防大队、建设规划、公安、坦头镇等相关单位负责人做了表态发言。最后县委书记李志坚做了总结发言。

会上，有些话听起来特别让人感同身受。这些话不仅很实在，而且很有启迪意义。

首先，宁听骂声，不要哭声。

这是杨胜杰县长在布置任务，确定重点检查内容及职责分工时说的话。确实，安全生产，再重视也不为过。佛教里说：“人在家中坐，危机四面来。”安全这个意识，永远没有完成时，只有进行时。要开展百日大整治，肯定要涉及方方面面人员的利益。具体讲，百日整治集中行动仅在消防领域，就涉及商场、市场、宾馆、饭店等角角落落，检查管理制度、消防设施设置及其维护保养情况、疏散通道和安全出口情况等，如果不合格的，要整改。如果再不合格的，就要关停，这就涉及方方面面的利益，所以肯定有很多骂声。

但是作为政府，不能因为老百姓的骂声，就放弃检查，或者降低要求，因为任何一个隐患，都可能成为事故的爆发点，接下来就是百姓的哭声。加强检查力度，关停不合格的企业。听到的骂声虽然刺耳，但是和可能发生的百姓的哭声相比，宁可受骂。这是实在话。

其次，要像重视自己的心跳一样，不停地重视安全工作。

这是县委书记李志坚在讲话中提到的一句话，安全生产是人命关天的大事，关系到全县改革发展稳定大局，必须居安思危、警钟长鸣。

人的生命是第一位的。安全工作要时刻注意，永远没有完成时，只有进行时。只有时刻注意，真的把安全事故隐患降到最低点，像重视自己的心跳一样，不停地重视，才能减少事故的发生。你一麻痹，在不重视的一瞬间，事故可能就会发生。而一旦发生，损失是难以预料的，特别是人员伤亡的事故，对员工家庭，对企业生产，对社会的负面影响都是不可估量的。所以应时刻铭记在心，牢记，生命不息安全不止。不能有丝毫的马虎和一丝的放松。因为当人一不注意，放松警惕时，事故随时可能发生。所以要时刻警醒，时刻提防，时刻牢记，就像自己的心跳一样不停止。

再者，安全工作是一，其余的都是后面的零。

这是李志坚书记在总结中讲到的内容。全县上下必须把安全生产作为“第一生命”来落实，着力构筑抓安全生产的强大合力。

零没有自性。它可大可小，如果没有前面的一，后面有再多的零，归根到底就是一个零。所以安全是第一位的。只有有了这个安全的前提，后面的财富、地位、荣誉，才有实际的意义。

对企业来说，在你这个企业生产，别人的生命被剥夺了，这是有罪的。一个有良心的人，懂得反思的人，懂得忏悔的人，若自己的失误使别人的生命受到损害，以后可能就会活在这种失误造成的痛苦和折磨中。

对职工而言，如果因自己的不慎操作，不注意安全生产，导致事故的发生，给企业造成损失，轻则自己和企业的利益受损失，重则有人因此丧命。对于后者来说，是连后悔的机会也没有的。一个家庭也可能因此被毁掉。

2015 年 7 月 7 日

无用的大用

晚上，我县举行干部学堂——“依法治国”专题培训会。

对于这类培训，我内心是不喜欢的，我认为依法治国是国家层面的事，和我们单位关系不大，但遵守纪律这是最基本的要求，所以就勉勉强强地去了。

结果听了以后还是有点启发的，不是运用的问题，而是思路的提升问题，境界的提高问题。

其中有几句话对我很有启发。

有什么样的公民，就有什么样的国家。如今在我们的国家，如果我们仔细去听，在饭店里，在车站里，在广场上，几乎都是抱怨声。人们抱怨社会的不公，领导抱怨下属，下属抱怨领导，开车的抱怨骑电瓶车的，骑电瓶车的抱怨开车的——什么都可以抱怨，好像什么都是别人的错，和自己没有丝毫关系。其实，一个国家是一个个具体的公民组成的，你怎么样，你的国家就怎么样。每个公民都应该有主人翁的态度，国家不好你也有责任，不应该把自己排除在外。你是主人，而不是看客。我们爱国，首先就是无条件地爱。如果每个人，每个公民，都尽自己的力，尽心尽责，做好自己的事情，国家就会好，民族就会有希望，而不是一味抱怨。抱怨是无能的表现，是伤德的表现。抱怨永远解决不了问题。社会的蜕变首先应该是人心的蜕变。

我们认识世界，永远是盲人摸象。不管是谁，好学的还是懒惰的，博学的还是狭隘的，永远是大无知和小无知的区别，结局还是无知。在错综复杂千头万绪的事情中，我们要善于审条理，辨分寸。把事情条理化，就是分门别类。这样,可以按类别去认识事物,做到条分缕析、纲举目张,对世界的认识就有一个大致的把握。如讲课中提到的是权力的分类,就是审条理的内容。掌握了这个知识,我们就可以把许多权力往这里套。这有利于我们看清世界,看清事物,把握事物的规律。

对公民而言,法无规定即可为。对政府而言,法无规定不可为。政府和公民,目标是一致的,都是为了实现人民安居乐业。但同件事情,用不同的角度思考,就有不同的答案。对公民而言,遵纪守法,就是将行为限定在法律规定范围内,没规定的就是可以做的。但对政府而言,作为服务者,应该在这个圈子之内,否则也是违法。这就是思考角度的不同。

我喜欢听经,其实,一个晚上听下来,总有那么几句话,对自己的心理是有启发的,让自己的境界有所提升。但就那么几句话,可能改变我们的一生。也正因为这几句话,我们就不枉一个下午的听课。因为,投缘的话是很难听到的,投缘就能入心,入心就能化心,心化了人就化了。

晚上的学习会,看似无用,其实大用,是无用之用。我们如果一味追求有用之学,就打不开境界,思维永远为有用所限,就不可能有真正的大用,永远也成不了大业。空气、阳光、水,这些都是人必备的东西,有真正的大用。空气,通过我们的呼吸,实现生命的畅通,但我们平时是不会在意它是否存在的。阳光照耀万物,促进万物的生长,但如何能发挥作用,我们肉眼是看不到的。水是生命之源,我们什么东西都离不开水,但是这个过程,我们平时也不会在意。

我们读书学习提高知识,使自己发生变化。这个过程潜移默化,不是立竿见影的,就像我们吃饭,一天天地促进我们成长,转化为我们的营养,增强我们的体魄。读一本书,可能过一段时间就记不清大部分内容了,但一本本读,书籍在我们的内心深处影响我们的思维,最后也就腹有诗书气自华了。

2015 年 7 月 29 日

情到真处自感人

下午参加抗击台风“苏迪罗”表彰大会。根据安排，有几个受表彰的先进典型要进行发言。在这些典型中，有乡镇党委书记，有部门领导，有驻村干部，也有一线农民。

说实在的，我感觉县里开这样的会议很有必要，尤其对鼓舞我们的斗志，提升我们的精神觉悟很有帮助。如果没有参加这样的会议，我只知道这次台风对我县影响很大，我县组织发动都很到位，会把损失降到最低，受到省里的高度肯定，仅此而已。而此次会议使我了解了更多，对决断的过程、各部门所采取的措施，对抗台的难度与危险性，都有了深刻的了解。我的心灵受到了一次洗礼。我认真听了先进典型经验介绍以后，总体感到他们讲得都很实在，介绍得也很全面。尤其令人感动的是雷锋乡的一位驻村干部和三合镇的一位农民的事迹。这两位的发言打动了在场的所有人。他们都是用我们天台的土话发言，没有豪言壮语，但令人感动的关键就在于一个“真”字。情到真处自动人。三合镇的那个铲车司机，没有一句题外话，就讲自己怎么救人——在哪里碰到谁，谁抓着大树，谁在水里游，谁连人带车差点被水冲走。在看不见路的情况下，凭着自己对情况的熟悉，奋力救人。虽然他表达得也不很连贯，中间数次讲不下去，但却迎来下面阵阵掌声。这是在场的人们发自内心的鼓掌声。

这使我想起，二十年前，我还在台州学院读书时，有一次听关于英雄两姐妹的事迹报告。我记得当时在场有一个老师，一个乡镇干部，还有两姐妹中的妹妹。其他两位发言都很精彩，很有气势。等到两姐妹中的妹妹发言时，没说几句她就哭了，当时整个会场的人都被感动了。大家没被前面几位抑扬顿挫的话语感动，而是被这真诚的哭声感动了。

这也是因为真。

许多时候，因为真，所以能动人。

真总是联系着善。

对善的追求是人类永恒的主题。对一个人而言，积德行善能改变人的命运。因为善，别人就愿意和你接近，你的气场就会改变，你的人脉就会改变，所以你的命运也就跟着改变。这就是积善成德，积善改命。而对一个国家而言，无论何时，善都是时代的主旋律，代表着一种正能量。而一种事物，要善，首先就是要真。如果本身不是真的，肯定就不是善的。假药害死人，假话欺骗人，这些都不是善的。

真总是联系着美。

每个人都在追求美。美有许多标准，但是总离不开真。因为真所以美。假古董永远也代替不了真古董。小孩子都是美丽的，很大一个原因就是小孩子都是真的。他们有哭有闹，但这是真性情，是人的本性，是真的。即使幼稚，也有一种率真的美。但是大人就不一样了，心里在哭，但是表面还要笑。即使有太多的怨言，也都装在心里。我们看到的常是一张张假面孔，所以不美。

假的永远也代替不了真的。

只有真的才能入心。

自古以来，历史总是相似的。为什么？因为背后的人性都是相似的。所以变来变去，尽管事件变了，人物变了，但是事情的来龙去脉总是惊人的相似。事情都是新的，道理都是旧的。

而只有真的才能真正走进人的心里，才能流传千古。那些流传千古的名著名篇都是能够引起人们思想上共鸣的文章，都是涉及千古不变的人性的。所谓的不朽，就是能在后世不断地引起共鸣。而要引起共鸣，首先就要是真的，假的永远也入不了人的心，就没有生命力。

情到真处自动人。唯其真所以美，所以永恒。

2015 年 8 月 29 日

名家工作室制度应有自己的特色

为加大对教育、卫生、宣传、文化和体育领域的高层次人才培养力度，重点培养一批在省内外有较高知名度和影响力的专家，我县从2012年开始实行名家工作室制度。

为规范该项工作，我县制定了一个相对完善的工作方案。方案内容包括申报、立项、实行的计划，年度的总结，考核等级的评定，工作室成员的培养等。这也确实取得了一定的成效，对提高我县知名度和对外的影响力，产生了一定的积极效果。

所谓成功，就是不断完善的过程。任何一种制度都需要不断完善。我县的名家工作室制度也不例外，也有需要完善的地方。

第一，每个名家工作室应有自己的特色。

如教育名家工作室，在做好自己工作、搞好科研成果的同时，还应把扶贫助教，比如帮助山区孩子，甚至提高山区老师的教学水平，作为自己的一项工作。

如名医工作室，也应该在提高工作室成员的水平的同时，把宣传提高自己的专业知识、送医下乡、普及人民群众的医学知识，作为自己的一项工作。

又如文化名家工作室，不应该单单把出书作为工作室唯一的成果体现，而应该把送文化下乡、在群众中普及传统文化知识作为自己的一项工作。最好是把传统文化以简单明了、通俗易懂、群众喜闻乐见的形式加以讲解。一种文化，如果单单在学者的书房里，在研讨会上出现，没有走进百姓的生活，没有转化为自觉的行为方式，这种文化实际上已经死亡了。毕竟研究文化，不是为了成为古人，而是为了服务当代生活。

也就是说，每个名家工作室，在提高自己业务水平的同时，还要把服务社会、服务大众，作为工作室的一项常规性工作。这样，经过几年的培养，可以造就一批业务精湛、社会服务能力强的专家学者。这些专家学者，也是社会需要的专家学者，不是空头理论的专家。对整个社会而言，这也可以形成服务的合力，使更多的群众受益。回到名家工作室本身，这也巩固了它们初建时的宗旨，因为名家工作室的工作，最终还是为了让人民群众满意。

可以让每个名家工作室在上报科研活动计划的同时，上报一项与社会服务相关的工作计划。工作总结也是如此。不定期抽查其社会服务的情况，这就可以避免名家工作室的工作流于形式。

第二，对成果突出的工作室应有奖励。

现在对工作室也实行奖励——每年考核，考核合格的，给予适当的奖励。但是这种奖励还是力度不够。

如工作室成员要出一本书，一本专著，至少要三万到五万元经费，而工作经费一年也就两万元。工作室成员不少，其中年轻人也不少，薪酬有限，这样的奖励力度不足以支撑工作室的发展。

所以，对于能够出成果的，出学术专著的，尤其是达到一定层次的学术专著的工作室，在工作补助之外，应该给予适当的奖励。这也是对新人的培育方式，也是真正有利于提高工作室，学术水平的一种方式。

第三，应有相对年轻的“名家”。

能够称得上名家的，大都是经过不断的努力，刻苦的自学，得以成才的，因此大多年龄较大。我县最顶尖的名家都是年近八旬的老先生，虽然在我县文化系统教育较有知名度和影响力，但是，毕竟年事已高，有许多不便之处。寻找“名家”，就应关注有潜力成为“名家”的年轻同志，以免青黄不接。

所以，可以规定，两个文化名家工作室，都应有一定年龄以下的年轻人，最好是形成梯队。这样就可以实现新老交替，代代相承。

2015 年 7 月 9 日

为天台山文化图书馆点赞

上午，天台县委党校蒋朝永校长到我办公室小坐。来的原因是他们党校在筹建天台山文化图书馆，而我们单位有好几个版本的县志，理所当然是入馆的对象。蒋校长就是为了拿书而来的。

蒋校长是个有思想的人，也是个会干事的人，到党校后没几个月，就把打造文化交流基地，筹建天台山文化图书馆，作为工作的重中之重，这是功德无量的事。不是小乘佛教的自我度化，而是度化他人。

文化这东西无形无质，有时需要物质载体，才能在某一处生根发芽，发扬光大。如果没有国清寺，我们佛教天台宗的祖庭，可能会移到宁波、杭州或者东北，甚至去了香港。如果没桐柏宫，道教南宗的祖庭也不一定能够留在天台。所以筹建天台山文化图书馆，就是这对天台山文化的一种整合、一种保护。

筹建天台山文化图书馆，其功德主要有如下几个方面。

其一，可以使天台山文化不断走向物化。

图书是文化的重要载体。而现在，我们天台县每年都有许多图书要出版。这些图书为繁荣我县文化，净化社会风气，确实起到了很好的作用，但是，有个很大的缺点，就是没统一存放。这种状况极不利于文化的传播和发展。如我们1995年出版的《天台县志》，当时出版的时候，每个单位都发的，但是现在在这些单位里很少能够找到了，就是在我们单位，数量也极为有限，所以一般都不外借。但是如果有一个图书馆，就可以去那里查阅，那就再好不过了。所以蒋校长当时向我们要的时候，我们很快就答应下来了。

其二,可以激活天台山的文化基因。

一种文化,如果单单存在于学者的书斋里和研讨会上,这种文化是不接地气的,是虚弱的。因为这种文化发挥不了化人的作用,改变不了人的思维方式和行为方式价值取向。天台山文化,如果不能在影响我们天台老百姓上有所作为,实际上也是虚弱的,趋近死亡的。把这些图书集中起来,其实难度是很大的,因为时间上跨度大,空间上距离远,但一旦建成图书馆,与天台有关的图书都将被集中起来,就可以激活天台山文化基因,以服务当代社会,从而使文化不断起到化人的作用,使其价值不断得以发挥。而原来各自收藏,不仅受众面不广,而且流失速度快。图书馆,就是对这两种状况的彻底改变,可以起到整合作用,同时结合一定程度上的普及工作。整合和普及,是一种文化能够永葆生命活力的基本条件之一。我们花很大力气去整理和挖掘旧志,其原因和意义也在这里。

其三,可以有效地宣传天台。

有了这个图书馆,我们博大精深的天台山文化、天台山佛宗道源等。就有了一个很好的注解,有了一个很好的佐证。只要看看这些图书,只要看看这些文化的载体,比什么宣传阵势都强大。从宣传意义上说,图书馆之于天台山文化,不亚于国清寺之于佛教天台宗,桐柏宫之于道教南宗。这对扩大天台山的对外影响力,加强天台山文化的渗透力和竞争力,能起到巨大的作用。

天台山仅仅是个地理名词。但是,天台山文化,不仅属于我们,也属于全世界,属于全人类。世界是个因缘和合体。任何一个人的起心动念,都可能产生蝴蝶效应,改变整个世界。我们在天台建立图书馆,看似是一件小事,实际上其影响是深远的,这件事的功德也是不可估量。

2015 年 8 月 5 日

关于树立人类命运共同体意识的几点思考

习近平总书记在纪念中国人民抗日战争暨世界反法西斯战争胜利70周年大会的讲话中，为如何实现世界持久和平指出了一条道路，就是“为了和平，我们要牢固树立人类命运共同体意识”，“为了和平，中国将始终坚持走和平发展道路”。

要想实现和平，需要全人类在思想上求得最广泛的相互认同，也就是在文化意识上求得最广泛的相互认同。想要消除隔阂，要靠思想，靠文化。习近平总书记提出建立人类命运共同体意识，可谓站得高，看得远，体现了中国作为一个负责任的大国的风范。

确实，在自然面前，谁也不能独善其身。天下是一家的，众生是一体的，人类是一家的。只有树立人类命运共同体意识，才能使人与人之间，人与自然之间，国与国之间，民族与民族之间实现求同存异，和平共处。

也就是说，只有建立人类命运共同体意识，才能在人的思想中筑起保卫和平之屏障。

中国文化是讲“和”的文化。不论是儒家的、佛家的还是道家的，讲的都是“和”。

全球化的趋势需要全球化的战略。这个战略不是斗，而是“和”。

中国民主促进会是中国共产党的亲密友党，是一个以文化教育为主的党派。民进基层会员在听完总书记的讲话后，深受鼓舞，认为其说出了中国人的气度，指明了中国今后发展的方向，也就是和平发展道路，也为全世界和全人类指明了一条和平发展的道路。

树立人类命运共同体意识，有利于大力推进文化走出去战略，把文化走出去上升到国家战略的高度。建议从以下个几方面着手。

第一，大力支持我国在海外建立孔子学院。

孔子是世界文化名人，他的学说是儒家的代表。他的“仁爱”思想、“己所不欲，勿施于人”的思想在世界有很大影响。为推广传播孔子思想文化，国家汉办在海外积极建立孔子学院，作为中华文化软实力的集中表现。自2004年11月全球首家孔子学院在韩国成立以来，截至2014年底，全球已有127个国家和地区开办了476所孔子学院和851个中小学孔子课堂。这些对于扩大中国传统文化的世界影响力，促进对外交往，确实起到了很大的作用，但是也存在不少的问题，主要是没有统一的教材和教学大纲。派往海外孔子学院的教师大都是国家汉办从全国各地抽调的，许多其实不具备对外汉语教学能力。以上这些问题，使孔子学院很难真正起到文化传播作用。

第二，扶持有条件的传统宗教文化活动走出去。

无论是佛教文化还是道教文化，都是中华传统文化的形象和窗口。国家应鼓励有条件的传统名宗教文化活动所走出去。这种民间交往具有官方交往所无法替代的作用，但是现在还处于自发的摸索阶段。国家宗教部门可以出台具体的扶持政策，鼓励此种形式的“文化走出去”。国之交在民相亲，民相亲在心相近。这种民间文化交往是传播中华传统文化，产生思想认同的有效而直接的途径之一。

第三，支持办好有影响力的文化论坛。

为了弘扬传统文化，使其真正发挥化人的功能，许多地方都举办了各种形式的文化研讨会。其中在孔子故乡尼山的尼山文化论坛，是为全世界不同的文化提供对话与交流的场所，有助于人们形成最大程度的文化认同。在佛教中国化发源地浙江天台山，由中华文化促进会与台州市人民政府联合举办的以开发利用传统文化当代价值为使命的“天台山中华传统文化论坛”最有影响力。建议国家把此类有影响力的文化论坛提高到国家的层面，予以支持。这是扩大影响力，实施文化走出去，形成思想认同，树立人类命运共同体意识的重要渠道。

2015 年 9 月 3 日

成功可以学但无成功学

我不相信成功学。所谓的成功学，大都是一些世俗眼中有名气的人，为自己打造的一个有关正义智慧化身的传奇而已，目的是抓住人们急于成功的心理，并推销一下自己的能力。

第一，成功没有确切的标准。

一个人，怎样算是成功，没有确切的标准。而世俗的所谓成功，大都是指财富的累积。一个人可能财富丰厚、地位显赫，但每天提心吊胆，痛苦不堪，度日如年。这样的人在世俗的眼中是成功的，但是，对他而言，是真正意义上的成功吗？而另一个人没有显赫的地位和丰厚的财力，过着简单而平凡的生活，夫妻恩爱，身体健康，儿女孝顺。这样的人，在世俗的眼中可能是不成功的，但是他自己却很幸福。对他而言，难道不算真正意义上的成功吗？心的快乐是持久的，而建立在财富上的快乐是表面的，必然不能长久。一个人即使拥有再多的财富，如果心不快乐，在我看来，也是不成功的。

第二，成功学中的许多内容都是不可信的。

世俗社会就是这样，凡成功者，说什么都是对的。他们将成功归结于自己的聪明才智。他们的起家靠的都是一颗善良的心。他们命运的改变，也得益于不懈的追求。他们的人生是完全在自己的掌控中的。但其实根本不是那么一回事。他们的发家也许并不是这么清清白白，也许还存在着“时势造英雄”的成分。但是这些他们自己是不愿说的，成功者都愿意为自己极力打造一部没有瑕疵的传奇。

其实这些都是不可信的。因为社会本就是这样，当一个人成功的时候，人们往往只看到他的光鲜面，并喜欢将其神化。一个人的荣誉，可以掩饰许多缺点和不足。而所谓的成功者，也往往是极力展示优点，掩饰缺点，以此来打造一个完美的形象的。而失败者是没有发言权的。不管你怎么说，别人都是不相信的。因为人们看到的只是你是成功的，没有看到你是怎样成功的。至于你是踩着别人的肩膀上去还是踩着垃圾上去的，他们其实根本不在乎。

第三，成功不可复制。

成功是多种因素综合而产生的产物，是不可复制的，需要具体问题具体分析。如果可以复制，或真有成功学的话，人人都能成功了，都是成功人士了。我们可以学习，学习人家的思维方式，学习人家不畏困难、不断进取的精神，但是，一种理论在一个地方可行，在另一个地方可能就行不通，因为具体环境和时机不同。

所以我是不相信所谓成功学的。

当然，一个人的成功也是有原因的，有几点是亘古不变的。

第一，要善于发现自己的潜力。

每个人都有自己特殊的潜力，如有些人动手能力很强，有些人善于理性思考，有些人的想象力特别丰富，有些人的人际交往能力特别好。如果一个人善于发现自己的潜力，并不断地加以开发，最终就有可能走向成功。如动手能力特别强的人，他们会搞机械搞工程这一类，如果持之以恒，可能就会有所成绩，因缘成熟的情况下，也可能有新的发明创造。如善于理性思维的人，他们的逻辑特别严密，如果在这方面加以发挥，完全可以在写作上有所作为。

第二，要持续地集中自己的注意力。

天才，只不过是持续地经营自己的注意力而已。一个人持续经营注意力，就是专注于某一件事，把一个方面做细、做精、做强。当因缘具足的时候，就会有石破天惊的力量，也就是通常人们所说的机遇。机遇的前提，需要你自己准备好，这个准备，就是持久地培养注意力，培养摄受能力。对于真正有才能的人，他的机遇是以各种形式出现的。机遇就是对一个人才能的突然考验。

第三，要有好的人缘。

无论做什么事，最后都归结为做人。一个人如果做人不成功，干什么亏什么。就是凭一时之运或不当的方式，取得成功，这种成功可能只是暂时的，德不配位必要遭殃。相反，如果做人成功，即使事业上不成功，这种不成功也可能只是暂时的。退一步说，内心有着丰厚追求的人，就是事业不成功，还是可以过淡定安详的生活。所以，做人要有好的人缘，因为，不论在哪个时代，人都是离不开感情的。

2015 年 8 月 12 日

有兴趣就有时间

上午，我们单位去雷锋乡大地林村，查阅林氏宗谱，就是为了验证我们天台县的行政中心曾经在雷锋乡大地林村这一说法是否属实。下午，我又有别的安排。

这样一来，我原来每天的人生感悟，就没时间写了。尽管已经思考好了，两篇感悟动手写起来也快，三个小时不到就能搞定，但是节奏已经乱了——生活的节奏，思维的节奏，生活的习惯，其实都已经乱掉了。

这个思维的方式不能改变，生活的方式也不能改变，因为这关系到人思绪的敏捷度。习惯一改变，要好几天才能适应过来。而保持了的习惯更不能停止，至少在我内心的思考人生的阶段性的任务没完成之前，我内心是不想改变这种生活方式的。

所以，只有提前开始写人生感悟了。其实人只要有兴趣，总能挤出时间来的。当然这个兴趣，是真正的兴趣，是内发的兴趣，而不是装模作样的兴趣。有了这个真兴趣，无论多忙，生活多苦，都会挤出时间，来学习，来思考，而且不会感到苦、感到累。

所以我决定提早起床，在早上去雷锋乡之前，在每天必做的功课上省点时间。前后时间调剂一下，把更多的时间用来写感悟。

起床后，各种常规功课简单做了一下，就到办公室了。到办公室时，还只是5点40分，比以前早了一个多小时。

于是我开始着手写感悟。因为思考得比较充分，两篇文章，在8点10分就完成了。我们约好是8点半出发的。这样，我去雷锋乡也就没有了后顾之忧了,心情一片舒畅。而人在这放松的情况下,容易把自己的思维和情绪调整到最佳的状态,更有利于自己的思考。

一个人的兴趣如果是打麻将,他的时间就大多用在麻将上,就会千方百计去找时间,去约伙伴,凑齐人数“搭长城”。一个人的兴趣如果是读书,他就会寻找一些零碎的时间,比如等车时、上洗手间时,埋头读书,积累知识。一个人的兴趣如果是思考,他就会挤出一切可能的时间,用来思考。

人要培养兴趣。人如果没有兴趣的话,干什么都处于应付的状态,就不会真正热爱生活,就会感到生之无趣。人的生活,很多是靠意志、靠意念维持着的。假如没意志的力量,意念的力量,就算还很年轻,其实已经老了,因为心态已经老了。就好像我们走路,没了方向,步伐就不会坚定,就会四处乱撞。没有方向的路不叫路,没兴趣的人生不叫人生。

有了兴趣,一有机会,人们就会学习,就会思考:自己所感兴趣的事物,为什么会这样,可不可以再提高,还有什么其他改进的措施等千奇百怪的问题。他总会思考,就总是处于一种活跃的状态。这样的时间,一点一滴累积,可以积少成多,聚沙成塔。长此以往,小河汇集成大海,就会形成强大的力量。这样的人生,在因缘具足的一刹那,内在的潜力就会如火山般爆发,从而产生惊世的理论和改变世界的创造发明。并且,受最大的苦,也不会感到累,而会感到很开心。

人要有一个持之以恒的兴趣。人的兴趣可以多方面的。但真正的兴趣,能影响人一生的兴趣,应该只有这么一两项,并且能够持之以恒。其他的兴趣,广泛涉猎,可以拓宽我们的知识面,提高我们的综合实力。真正使我们产生快乐的,改变我们生命的质量的,应该就是那一以贯之的兴趣。有这样的兴趣,人的生命充满活力的,也不会真正计较世俗的得与失。情之所至,在他眼里,无山不美,无人不善,无事不好,无水不甜。他的内心,有一马平川的广阔天地,有天高地阔的大美山河。

有兴趣就有时间。

说没时间,那是因为不在乎、没兴趣。

2015 年 8 月 8 日

有选择就有遗憾

原本打算8月份出版的书，因为书名问题，一再推迟。原来的书名叫作"生活即道场"，说明本书记载的是对生活的点点滴滴的感悟，并表明生活就是修道的过程，也就是不断完善自我，提高生命灵性的过程。后来，出版社反映书名不行，需要换一下。经过几天的思考，我换成了"心静道现"，意思是一个人的心能够安静下来，自然的大道就会自然而然地显现出来。报给出版社以后，沈娴编辑电话打过来说，这个书名还是不行，建议再换一下。

一时之间，我也想不出更好的书名。我就让沈编辑和我一起思考一下。不久，她给我推荐了两个书名。一个带有禅意，但宗教意味没有很浓，叫"一花一世界"，这是佛教里一个基本俗语。沈编辑还说，因为我文章中提到种菜，说人身难得，菜身其实也难得，等等，从种菜中看到的世界，反映了一个世界。所以用"一花一世界"也是比较符合文义的。另一个书名，叫"若愚"，取大智若愚之意，意思是大象无形，大道无痕，虽然书中我记的都是小事，但是反映的都是人生的大道理，是以小见大。

我觉得这两个题目都比较有新意，各有特色。

晚上，我仔细地回味着那两个书名。

用"一花一世界"做书名。优点是带有禅意的，但是不够开门见山。而我这本书，目的也就是，把佛教文化通俗化，在生活中悟道。通过对生活的感悟，使佛学走向大众，避免佛教原来那种藏在寺院，远离生活的遭遇，使佛教由僧众走向大众，由山林走向社会，由寺院走向家庭，从真正发挥佛学教化人心，促进和谐的作用。

用这个书名，还有个特点就是能够吸引人。因为这句话大家耳熟能详，但真正理解意义的并不多，所以可能就有把书看下去的欲望。这其实也是这本书的吸引力所在。这本书，好不好，能不能成为畅销书，书名，也就是眼睛，是很关键的。而这个书名，不像原来的“生活即道场”，那么直截了当，不够有态度，无法表明我的观点和期许。

用这个书名，其实还有个难处，就是，序言比较难写。序言是根据题目而定。要题目定下来，然后再确定序言的主题。用“一花一世界”这书名，对我来说有点大而无当，难以下手。

用“若愚”做书名，优点是比较有厚重感，含义大家也能一看便知，就是大智若愚，就是从小事看世界，领悟世界，感悟世界，感悟人生，就是以小见大。

但是缺点也是比较明显的。就是这个书名和本书的内容有点偏差，会让人误解，而且主题不突出。一个老先生问我，用这个做书名，你是什么文本。其实每一种想法每一种说法每一种评价都是有道理的，都有各自的因缘关系。

千古艰难唯选择。有选择就有遗憾。重要的选择，有时胜过无数次的努力。

这是我写的第一本书，也是十几年工作学习的一个总结提炼，所以我十分重视。我在微信上征求比较喜欢文字的微友的意见。结果，评价不一。有说两个都好的，也有说两个都不好的，也有明确指定哪一个好的，并且各有各的理由。这些理由都是很道理的。

最后我还是选择了“一花一世界”这个书名，只是随缘、随性而定。一个选择就这样解决了。

2015 年 8 月 6 日

（注：最后出版时的书名是“我心安静”。这是几天后灵光一现的结果。对于这个书名，大家普遍感到比较满意。）

永远不要发脾气

生活中经常可以看到有人发脾气。

发脾气的样子是很丑的。

一个人如果在发脾气,至少可以说明以下几点。

第一,他事情没做好。

事情做好了,一般都是不会发脾气了的,都是心平气和的。一旦事情没做好,又怕上面领导要责怪,而自己又认为主要责任不在自己,是别人不听自己的话所造成的结果,就容易暴跳如雷。

第二,他的内心是烦恼的。

因为内心难受,又找不到解决问题的办法,心里又急躁,需要一个宣泄口,所以就对周围的人发一下脾气,耍一下自己的威风。

第三,他的内心很弱小的。

一个内心强大的人,是不会随便发脾气的。所谓威不足则多怒。有时候,发脾气的人自己也不想发,但是情不自禁。能战胜别人的人是聪明的人,能战胜自己的人才是智慧的人。

第四,他认为是当前的环境是安全的。

一般发脾气的人都是认为当前环境是安全的,认为对方不会拿自己怎么样。

其实,即使你有理,你也不要乱发脾气。因为如果你有理,你根本就没必要发脾气,如果你没理,你就没资格发脾气。

发脾气只能加深别人对你的坏印象,而且不利于解决事情。碰到问题时，心浮气躁在所难免，但应该静下心来想一想：问题出在哪里？出在哪个环节？然后想一想自己原来的安排有没有不对的地方，比如别人是用心做了，但是自己对他们的要求过高了点，他们根本没这个能力。等情绪过了，再处理事情。总之，遇事应多反思自己，而不是发脾气。

对于是因为没有用心去做而完成不了的任务，也应该考虑啥原因，是主观原因，还是客观原因，然后想办法解决问题。

竞争是永恒的，成败是暂时的。遇到不顺利时，应该反过来想一想，如果事情重新开始，我该怎么做。真正的失败不是失败本身，而是没有从失败中学到经验。

脾气来了，福气就走了。

不要发脾气。在工作中，在家里，在朋友圈里，都不要发。没有人喜欢一个动不动就发脾气的人。作为领导，他的权威、他的个人魅力绝不是靠发脾气来建立的，而是靠对下属的关心、对情况的熟悉，以及个人智慧建立起来的。

一句话，发脾气发不出事业，发不出感情，发不出权威，发不出人格魅力。

把脾气发出来是本能，把脾气压下去那是本事。本能是人人都会的，而本事是需要学的，需要长期修炼的。那些有智慧的人，做事都是不急不缓的。

脾气大的人，别人都不愿意和他交往。他无形中和大家保持了距离。这就意味着，他的人气旺不了。尽管可能别人表面在应付，但内心却是保持着那一段距离。人气改变了，你的"风水"也就改变了，你的命运也就改变了。

所以很多人的运气就是在发脾气中不知不觉就跑掉了。当你发脾气的时候，也许就是你命运改变的时候。所以不要发脾气，为了自己的形象，为了整个事业，千万别发脾气。

永远不要发脾气。

2015年6月8日

只要心中世界大

天台创建国家卫生县城办公室的条件很是简陋。

这种简陋主要表现在以下几个方面。

办公室是简陋的。办公室在行政中心二十楼西面，原来是二十一楼会议室的接待室。办公室连电脑线和电话线都是不通的，除了朝南边和朝西边有两个可以拉伸的窗户，还有两扇门用来透气，没有可以打开的窗户，可以说是透明不透风。人一脚踩上地毯，鞋子上就会粘上很多毛，这些毛越扫越多。所以一个星期下来，地面上全是毛，既不卫生也不美观。

十六个人被安置在一个办公室里，靠两边放了一张圆桌，所以平时开会的时候，一小部分人坐在圆桌周围，大多数人都坐在后面的办公桌边，有点零零散散的感觉。

办公条件也是简陋的。十六个人，来自四个科室，共用两台打印机。督查室的同志，因为是两个人一组，所以也是两个人一台电脑。几位同事坐不下，就到三楼原来的联创办办公。打印一份文件，经常要发到和打印机连在一起的电脑里。电话也只有一台，对内对外都靠它联系。

原来的无线网网线只接到十九楼，二十楼无法到达。经过和事务局信息中心、电信局和移动公司多次协调，二十楼终于安装上了一个临时的网络信号接收器。但是经常上不了网，而且，如果所有的电脑都开着，网速就很慢。为了提高效率，单位要求人一走就关机，当然，这也是节能的基本要求。但是如果人都在时，就会经常断网。

当然还有其他许多方面。比如，经常是没有开水的，尤其双休日。这点让我们很困扰，毕竟双休日加班是常事。二十楼自来水的水量也是很小的，偶尔还会没水，所以要跑到楼下去接水。

所有的这一切，其实都为了说明，我们的办公条件是多么的简陋，物质条件是多么的艰苦。

一个单位犹如一个人。一个人，如果注重精神生活，有着丰富的内涵，他对物质的要求可能就不会这么高，因为他完全可以从精神生活中获得快乐，获得幸福。一个精神食粮匮乏的人就比较容易过分注重物质生活。对他而言，物质的生活就是他们的全部。

一个注重精神生活的人是强大的人。一个单位也是如此。创卫办人的精神生活，是很富有的，内心也是很强大的。动员大会以后，创卫办立刻组建班子，抽调人马，在不到半个月时间里，制定出了网格化考核方案，作为推进创国卫工作的有效抓手，并制定了宣传方案，作为宣传教育的总纲。还实施了“马路市场阵地战”“公共厕所突击战”“露天粪坑歼灭战”这三大先锋行动，使难题一个一个得到破解。

虽然动员大会到现在只有一个多月，但是各项工作都在有序推进。人们的创卫意识、建成区的创卫氛围、城市的整洁程度、交通的秩序和人们的接受程度，都较以往有了很大的提高。

只要心中有梦想，就不怕舞台的大小。一切的困难都是可以克服的。只要心中有梦想，有创卫必成、创卫必得的勇气和信心，有为天台人民改善居住环境的决心，就不会在乎办公条件的简陋，就会去克服各种困难，创造一个又一个奇迹。只要心中世界大，不怕创卫办地方小。

简陋的创卫办，精进的创卫人，高昂的创卫斗志。

2015年11月3日

人之交在心相近

2015年5月天台山文化论坛期间，台州学院胡正武教授说要给我介绍一个研究天台宗的年轻人，叫赵锭华，是台州学院的教师，现在天台县挂职。

能结识兴趣相投者是人生一大乐事。当时外地专家都住在党校，可惜我和正武老师去的时候赵锭华没在寝室。

正是“有缘躲不掉，无缘遇不到”，也许我们是命中注定要成为朋友的，当我告别胡正武教授走到楼下时，一个年轻人对我微笑，我也和他打了个招呼。彼此熟悉之后，知道他就是胡教授要介绍给我认识的赵锭华，彼此心里就近了许多，也互相记下了电话号码。

论坛几天后就结束了。为了利用好论坛成果，真正发挥天台山文化的价值，造福天台百姓，县里决定写一篇有分量、有特色、有深度的稿件。也就在会议结束的第二天晚上，县里就召开一个座谈会，由杨胜杰县长亲自主持。当时我也参加了，锭华也参加了。会上，杨胜杰县长布置了关于文化的几项任务，重点是这个新闻稿，具体落实到宣传部。

第二天，宣传部就由裘国宏部长召开了一次座谈会，落实县里的任务。我们都从不同的角度谈了自己对于这个稿件的看法。意外的是，会议决定，稿件执笔人为我。我万般推脱不掉，只好接受。我感到了压力重重，因为前期的工作都没有参加。况且那晚的讨论也一直没有讨论出一个统一的角度。

也就在这个时候开始，我与赵锭华才开始真正意义上的合作。因为前期的工作多是赵锭华在做，包括天台共识、向省委宣传部的汇报材料等都出自锭华之手。

后来我们又开了几次小型座谈会，讨论稿件的切入角度。几乎每次锭华都能说出独到的见解。

经过大约一个星期的不断讨论和修改，文章终于完成了。其间我和锭华反复沟通与琢磨，因此，虽然彼此认识的时间不是很长，但是内心的距离很是亲近。

《法华经》里用渴慕仰胜来表达求学者对学问比自己好的人的仰慕。内心那种求道求学的迫切的真情实感是无法用语言表达的。

大约一个月后的一个下午，锭华来电话说，《台州日报》对文化论坛做了一个长篇报道，其中三点意义就是来自于我们当时讨论稿中的三个创新。都是宣传天台的事，我表示支持。我们约好晚上在和谐园见面。

晚上，我如约而至。夜色中的和谐园别有一番情景，太宁静了，大门紧闭。我刚想打电话，过来一个阿姨，问我找谁。我说找赵锭华。她说没有这个人。我说他是台州学院的老师。她说原来是赵博士啊，在里面食堂哦，还在吃饭，说完她马上打开了大门让我进去。锭华这时刚吃好，正在洗碗。

不一会儿，锭华就把我带到他的寝室。不大的房间里全是与佛教有关的书籍，有《大藏经》，有藕益大师的全集，等等，都是大部头的。

我们到茶室坐下，两个人漫无边际地聊着。谁能想到两个刚认识一个多月的人，情感交流竟能如此深入！当然，我们交流的核心是佛教问题，如学佛怎样学，打坐的功效，怎样皈依师父，念经怎样念，早课怎样做等话题。

锭华是宗教专业科班出身。宗教理论修养很深厚，是作为人才被台州学院引进过来的。虽然他年纪比我轻了一大截，但是在宗教理论方面我是把他当成老师看待的。

因为我是学历史的，也不用功，所以几十年来一直没有长进。抱着"改变自己啥时候都不晚"的态度开始学习佛教，并且兴趣越来越浓，但一直自认为是一个门外汉。虽然现在不断忏悔，不断精进，但是总感觉找不到方向。

晚上与赵锭华一席畅谈，我认识到自己佛教知识的不足，并解开了心中许多的疑问。

主要有以下几大收获。

第一，解决了早课问题。

原来我也是很早起来学习的，但是学习的都是自己的笔记。随着时间的推移，笔记越来越多，所以有时感到自己越来越糊涂。锭华建议我每天早上改学《心经》。每天持续学，肯定会有启发，肯定会得到智慧，不再迷茫。

第二，解决了打坐的一些不当之处。

我是根据智者大师的六妙法门来打坐的。经过数息门静下心来后，调整后气息后马上就开始集中注意力，深入地思考一个问题。我一直认为这是一种比较好的修炼方式。按照锭华说，这不是打坐，这样深入不下去。当然心能静下来是好事，但是还没到更高的层次。建议我心静下来后就念咒，念《大悲咒》。这样更有功效，更能把心念空、念寂。

第三，关于念《法华经》的问题。

《法华经》共二十八品。我原来是一天念一品，这样一个月念完一遍，还剩几天，刚好复习一下。锭华建议我是一天念一卷，共七卷，一个星期就可念完一遍，功效更大。

此外，我们还谈论了皈依师父、佛学改变人等佛学问题。

时间也过得真快，两个多小时就好像一会儿。

国之交在民相亲。人之交在心相近。

2015 年 6 月 25 日

适当的休息也是精进

每个人都需要休息。

休息也有不同的方法。如果方法不当，不仅得不到休息，反而越来越累。如许多人认为休息就是睡觉，其实睡觉也有一个度，超过这个度，人就会越睡越累。例如睡懒觉，睡了一整天，反而感到很累，就是休息不当。

有的人为了好好休息就去唱歌，去喝酒，结果唱了一天的歌，喝了一晚上的酒，反而更累。什么原因？就是因为没有合理休息。

休息的方式有多种，其中有运动、抚触和冥想三种。针对不同的人有不同的方式。例如对于动的工作，静一下就是休息，对于静的工作，动也是休息。而对于小孩而言，抚触会使其感到很快乐，也会使其立刻安静下来。

我的休息方式首先是冥想。

我一般很早就起来了，看一个小时左右笔记，读一下经书。这是常规的功课。然后烧早饭，吃早饭。有时送女儿上学。然后到办公室，一般我到办公室都是很早的。趁着还早，比较安静，也有思路，就静下来写一些昨天的生活感悟。这种感悟是对昨天生活的回顾。

一般写好就是八点左右。这时，我就靠着椅子，闭着眼开始冥想。冥想的效果就是使脑袋安静下来，彻底进入空灵的境界。这时如果能有十分钟时间休息，对于人体体力的恢复作用是非常大的。

其实会休息的人是随时都可以休息。在同创办时，我们路桥组的几个人经常要去各自联系的街道。我一坐上车，首先就闭上眼开始休息，开始想一个问题，或者就默念《心经》，念着念着，不知不觉仿佛睡着了，进入一种绝妙的安静的境界。这时车上别的同事在说东道西，我的感觉就是好像进入《心经》所说的不生不灭的境界。等到了时，我也得到了很好的休息。所以我是抓住一切可以休息的时间休息。

同事之间串门也是一种休息。

看书累了。到别的办公室去走一下，交流一下工作或者其他的信息，或者讨论问题，对于自己都是一种放松和休息。因为看书是接受，是用眼睛去接受，而交流是用耳朵去接受。人在状态好的情况下应该用眼睛去摄受，在状态不好的情况下，应该用耳朵，这是一个规律，这也是不同器官的协调运作。

思考与书中不同的问题也是一种好的休息。

人的脑细胞是一千多亿个。我们学习时，思考时，使用的只是其中很小的一部分。这时，我们思考别的问题，对于自己肯定是一种休息，因为我们开发的是脑子里其他方面，其他区域的细胞，之前活动的脑细胞就得到了休息。

所以思考不同的问题也是一种休息。

当然在家里，在条件许可的情况下，闭上眼，听几分钟音乐也是很好的休息。在这几分钟内，随着音乐节奏的起伏，内心变得安静。

总之休息的方式就是使心得到安静。人的能量来自安静。

适当的休息也是一种精进。

一个不会休息的人就不会工作。

我们应该抓住一切可以休息的机会休息。只要愿意休息机会总是有的。

并且休息总是和创造力相结合的。

2015 年 6 月 24 日

世事就怕认真

今天，我们单位着手考证一个民间流传很广的说法。

近几年来，我们天台县的行政中心曾在雷锋乡大地林村流传着这么一种说法。理由是，当时仙居县属于天台，那个地方刚好是天台仙居的中心，还有村志和古驿道为证。据说古时的行政中心的遗址还在。

传言归传言，今天我们决定去做一个考证。

在雷锋乡同志的带领下，我们到了大地林村。村里人很热情，我们说明了来意，他们拿出了早已准备好的宗族村谱让我们翻阅。我们翻来翻去就是找不到相关线索，就问这个传言是从哪里来的。老人们回答说，是《天台县志》里面记载的。我们说县志里面没有这个记载，然后老人们就说这个他们也搞不大清楚，说县政府的林方亮同志很了解这个情况，他知道得一清二楚，宗谱也是他参修的，并且给了我们林方亮同志的电话号码。我们联系了林方亮同志，林方亮同志回电话说，这个他也不大清楚，林德基同志最清楚。我们又联系了林德基同志，林德基同志他说其实也是听别人说的。

这样问来问去，其实一点眉目也没有。关于这个传言，其实起因我是清楚的。就是有一次，大约十多年前，在一篇有关许尚枢老师查阅宗谱史料资料的报道里面有一句话。这句话是说，在查阅史料中，发现了有关天台县的行政中心，曾经立在雷锋家大地林村的记载。当时的目的，一个方面是说明许尚枢老师查阅史料的勤奋，另外一个方面是从侧面说明宗谱的作用。

作为县志办，我们对传说做一番考证是应该的。我们打电话给许尚枢老师。许老师说，不在这个村志里，而是在上庞村村志有关庞正己的内容中记载着。大意为，当时县政府曾经向上面打报告，要求改变政府的衙门方向，当时的记载就是在大地林村。就这么几句话。

搞清了事情的来龙去脉，也明确了我们下一步的方向，就是去看看上庞村的村志，以确认当时县政府的所在地。

接下来，我和同行的其他同志在村干部的带领下，去参观了所谓古时候的行政中心遗址。对这个我不是很信。田里不种庄稼，一个夏天，就会长满杂草，面目全非。而经过了千百年，还能确定这是旧衙门的遗址，难以让人信服。最后，他们去了，我没有去。

我坐在村委会办公室里翻看报纸。看了 8 月 3 日《台州日报》的几篇散文，其中也有几位是名家前辈写的。我的感觉是，直通人性的话语太少，写景描物的太多。这样的文章，其实是流传不了千古的。

仔细回味，今天上午，虽然我们没找到答案，这个传说的真实性还有待考证，但是这个上午我还是有收获的。

首先，对宗谱有了新的认识。宗谱记载一村之历史，可补正史之不足。许多重大的历史，就是从宗谱里发现的，是正史有力的佐证。以前也有接触，可以说每一次接触都有新的收获。这次也不例外，对村里的人物传，我有些还是熟悉的，有一种亲切感。

人是不应该忘记历史的。至少不能忘记本村的历史，也就是不能忘记自己从哪里来的，所以每个人其实对自己的村史村志都是应该了解的。

其次，对民间传说有了新的了解。传说大都是不可信的，但是，有时又可佐证正史。所谓"八卦之中有正史，正史之中有八卦"。对于我们学历史的，接到信息后，听到传说以后，应该考察后加以判断分析。有些传说是经不起推敲的。我们学历史的，应重在考证，以史料来说话。所以接下来，还要去上庞村查阅有关庞正己的史料。

再者，对历史有了新的了解。历史其实许多是不可信的，都是强者胜者对自己歌功颂德，对弱者失败者落井下石。历史有时就是帝王家族史。我们读史，读的不是简单的事件，而是看到一种趋势，看到一种发展的方向，归纳出一种规律，为我们今天的生活提供一种依据。因为人性都是相似的。以前的问题和现在的问题，其实是差不多的。

2015年8月8日

第三辑

生活之美

平凡的生活需要平和的心态

幸福在自己心里，不在别人眼里

生活就是与人相处

相处得好，就生活得好

生活即道场

什么是道场？与道相应的地方就是道场。

什么是道？宇宙真理运行的规则就是道。

道无处不在。我们的日常生活中，我们的饮食起居中，都有道。

天地有律，四时有序，万物有则。这个“律”，这个“序”，这个“则”，就是道。人只有让自己的思维与行为合乎道，才能找到和宇宙相处的最佳方式。如秋收冬藏，如日出而作、日落而息，都是对自然规律的把握和运用。

道无古今，悟在当下。若要感恩，处处可感恩。若要成长，事事可成长。相反，若要抱怨，人人可抱怨。离开生活找不着道。四处留心皆学问。

能念念在道，则处处是道场。

人只有不停地调息自己的内心，使自己的心始终处于一种安静的状态，才能与自然合拍，才能不断地感悟到道的美妙与无处不在。

心若调息，道何可言。

“人能常清静，天地悉皆归。”一个人只有在安静的状态下，才能不断地开发智慧，吸收天地能量，以不断地壮大自己，所谓“心静则智生，智生则事成”，也就是心静道自现。

人身一小宇宙，宇宙一大人身。当一个人安静下来的时候，就能听到花开的声音，就能看到世界的万物，就能感到整个世界都是我的，就能感悟到世间万物的美。世间万物皆可学习。世间万物皆可成长。世间万物皆可帮助我们成道。

生活即道场，天地即禅堂。

2015年8月9日

世间万物皆可美

美是人对世界的正面解读。

爱美是人类的共性。人人都追求美，但是美却没有一个确切的定义。

美有各种各样的分类，有自然之美、粉饰之美、养成之美、智慧之美等。其中自然之美，是“清水出芙蓉，天然去雕饰”的美丽，可以让人赏心悦目。粉饰之美，只有“淡妆浓抹总相宜”，才能“总把西湖比西子”。养成之美，指的是人因受到良好的教育，气质修养佳，给人一种舒服大气的感觉。智慧之美，给人以力量，是可以随岁月沉淀的一种美。

美不仅仅是简单的漂亮，其有各种意义。

什么是美？

和谐即是美。和是社会的基本形态。每一个社会都在追求和，有人与自然的和，有人与社会的和，更有人内心的和。一个人只有内心达到了和，才能达到与社会、自然和谐相处的境界。以此类推，从而真正达到万家和睦、世界和平。

阴阳相合是天地的最高境界。有白天也有黑夜，有冬天也有夏天，日夜更替，四季成序，万物才能生长，人类才能生存。任何极端的冷和极端的热，都是不和谐的表现，都不利于人类的生长，都不是美的形态。

善良即是美。与其看到一个美丽的女子颐指气使、趾高气扬，还不如看到一个相貌丑陋的人，在那里给老人让座。因为美很大程度上是一种心境的折射与反映，是通过人的心显示出来的。善良是通人性的，人都是选择性地看世界，世界也可以被看成是人内心的一个反映。内心接受了一个人，自然看到的就是其美丽的一面。而善良，是在任何一个时代都需要的一种美德。

真正的美是什么？

美是智慧。漂亮的女人是珍珠，智慧的女人是宝藏。漂亮只能是一时的，随着年龄的增长，年老色衰，总会有不漂亮的时候。而智慧的人，可以永远美丽。如同孔子，虽然离我们这么久远，但他的思想光耀千古，影响着人类，是美丽的。又如佛祖，帮助世人解救了多少的痛苦，也是美丽的。这种智慧的美丽，如陈年的老酒，越久远越馥郁。

美是力量。美是一种竞争力，而且是一种无与伦比的精神力。现在国与国之间竞争，很大程度上不是国家之间的竞争，而是国民之间的竞争，是国民精神的竞争，国民信仰的竞争，其实也是公民文化素养之间的竞争。文明总表现着美。一部好的电影，一个好的故事，一个微笑，一个小小的助人之举，其实都是一种美，都在传递着一种力量。把自己微小的力量，汇聚成强大的时代潮流，就是社会的正能量。

美是包容。做人，自己要从容，对他人要宽容，对社会要包容。一个包容的人，是个淡定的人，是个安静的人，是个看透世事心了然的人。所谓的得到，其实都要走向失去。而所谓舍得，有舍就有得。小舍小得，大舍大得，不舍不得。舍和得其实是因与果的关系。“舒”可以解释为“舍得给予才能舒”。斤斤计较的人肯定不是美丽的，睚眦必报的人也不是美丽的。

因此，一个包容的人，是温和的、平静的，一般情况下不会怒发冲冠。因为一切因果皆因缘。这样的人，无疑是美丽的。

美在哪里？

有的人整天寻找美丽却找不到美丽。有的人不去寻找，却发现处处皆美——花是美丽的，水是美丽的，大地是美丽的，树叶是美丽的，人是美丽的，世间无一物不美丽。什么原因？美在于发现而不在于寻找。一个人如果心中有美，就有一双发现美丽的眼睛，他的整个世界都是美的。一个人如果心中没有美丽，装满着怨憎会，就永远也发现不了美丽。

一个人要想美，世界万物皆可美。

2015 年 7 月 30 日

感恩所有的打击

一株植物，阳光雨露是养分，但有时候风霜雨雪也是促使其成长的养分。

人也是如此，细心的呵护可以促进成长，但百般的磨难也可以促进成长。一株树如果没经过风霜雨雪的考验，永远也长不成参天的大树。人如果事事如意，言言悦耳，很可能把自己埋葬在甜蜜的泥沼之中。那些逆耳的话，听起来好像是对自己的一种伤害，其实恰恰是促进自己成长的一种因缘，是一种逆增上缘。

我们经常可以看到，某个人平时碌碌无为，但是经过打击之后，就发愤图强，最终成就一番事业。就像钟和鼓，当我们敲打它们的时候，它们才会发出声音，显示出自己的价值。人也是一样，在没有其他人或事物打击的时候，就容易安逸，容易随波逐流。但是对于真正有力量的人来说，一旦受打击，反而被激发出了潜力，只要不被打垮，就能让自己成长。当他从逆境的沙漠里走出来的时候，已经脱胎换骨。

一个把打击看成增上缘的人，需要强大的内心。人都有我执的心理，就是认为我永远是对的，别人永远是错误的。也正因为如此，所以听到好听的话就高兴，听到顺着自己说的话就高兴。如果从别人口中听到反驳或否定自己的话，就认为别人是和自己过不去，就是为难自己，就可能会想方设法地打击报复，由此也产生许多不必要的恩怨纠葛。

但一个强大的人，他不是这样想的。当他遇到指责的时候，他首先思考对方的话有没有道理。有则改之，无则加勉。此外，若对方的话没道理，还要仔细想想，对方是不知道事情的原委，还是有意为难。如果是对方不知道事情的原委，应该加以解释。如果是有意为难，就想想是不是自己不够强大的缘故。根本没必要生气，生气那是拿别人的错误惩罚自己。自己被气得伤痕累累，而对方丝毫没有受到影响。这也是不够强大的表现。而人是不能气的，一气生百病。所以生气是打自己的耳光，是愚蠢的行为。我们要做的，就是想办法使自己强大，争一口大气。

人若能如此想，对自己是大有益处的。如果能感恩每一个伤害过自己的人，不仅能强大自己，成就自己的事业，而且能有一个好的人缘。

别人的打击能强大自己。一个如此想的人，就能在别人的打击中看到自己的不足，从而努力去克服这些不足。人的眼睛都是朝外看的，最难认识的就是自己。所以人往往对别人的缺点了如指掌，而对自己认识甚少。能有人指出你的缺点和过错，正好比一面镜子，让你更了解你自己，其实是一件幸事。

能感恩打击自己的人，会有一个较好的人缘。世界是平衡的，许多事情我们从表面上看是得到，其实是失去。同样，表面看是失去，其实是得到。许多事情都是明里去暗里来的。对于别人对自己毫无缘由的伤害，对于别人无理谩骂的话，你不接收，不动气，一笑置之就好。这就好像一个人仰天而吐，吐不及天，还及己身。

而此刻在别人眼里，你就是个强大的人，一个容易相处的人，一个宽容的人，一个值得交往的人，一个善良的人。所以，从这个层面上讲，感恩所有的打击，能有一个较好的人缘，因为人都是择善而交。

能感恩所有的打击，才会有一个快乐的人生。这样的人，内心包容世间的一切，不论好的还是坏的。大海因能容纳百川，故能成其大。世界无时不快乐，世界万物皆可美，世界是美丽的，人生是美好的，生活是幸福的，因此也就天天快乐。这种法喜充满的生活，也是别人羡慕不已的。

所有的打击都是一种成全。感恩生命里每一次打击，正是这些善意或者不善意的打击，使我不断强大。

2015 年 7 月 11 日

做事要知不足

我们做人要知足。这个知足指的是我们对物质的追求要适可而止,不然就不会幸福。

但是做事要知不足。只有知不足,才能不断地发现问题、调整方案,使事情能相对顺利圆满地完成。

人在事中迷。一个有智慧的人,在做具体事情的时候,特别是在做与自己利害相关的事情的时候,可能会犯迷糊。因此人生没有绝对的圆满,只有相对的完美。我们可能在说话时无意得罪了人,可能因为我们只考虑这一方面的利益,而忽略了另一方面的利益,从而得罪了别人。也可能因为我们虽然出于善意,但说话的方式不对,或者语气不对,从而起了反作用。

我们做饭,如果饭烧得太硬了,就应该承认这是水与米的比例没有调好。我们知道了这个不足,下次做的时候就应该多放些水,调好比例,这样烧出来的饭才好吃,实际上也就是使自己烧饭这件事圆满起来,完善自己的烧饭能力。

又比如,孩子学习成绩不好,我们应该观察他不足的地方到底是上课不专心,是对知识的接受和理解能力差,是偏科,还是人际关系的原因。只有找到问题所在,对症下药,才能使孩子的成绩慢慢提上来,让其树立自信心,不断进步。如果见孩子成绩不好,就一味批评责骂,不仅对事情无益,反而造成孩子的逆反情绪,不利于其健康成长。可能越批评,成绩越差,情绪越重,最后变成问题少年或问题儿童。

一个人只有不断发现事情的不足,才能不断地加以改正。人生应是个让自己不断走向完美，也就是不断使自己成长的过程。任何一个不足，被发现了，就成了我们成长的契机。改正了，就成了我们成长的垫脚石。但如果没有发现，屡犯这个错误，就变成我们成长的绊脚石。而做事和做人是紧密相连的。有时候，做事就是做人。一个人如果不会做事，也就是不会做人，更不会有好人缘，也就不会有成功的事业和幸福美满的人生。所以做事时能不能发现不足，对整个人生的发展来说其实是至关重要的。

要知道自己的不足，首先要勇于尝试，果断做事。有知识和有能力是两码事。真理总是要经过实践检验的。只有不断做事，才能不断发现自己的想法与客观情况的偏差，从而不断调整和充实自己。

要知道自己的不足，还要会不断反思。事情做后，我们要反思。反思事情的经过，反思自己的思考过程，反思来自各方面的反馈。有时候由于匆忙，我们可能只知其一而不知其二，难免有考虑不周的地方。人类是在不断总结反思中前进的。只有通过总结反思，才能查漏补缺。总结反思的时候，人的内心总是很安静的。人也只有在安静的时候，才能考虑到方方面面的利益，才能够全面思考和认识，从而清晰地发现自己的不足。

要知道自己的不足，还要听取各方的意见。许多事情，我们可能准备很充分，但是做的时候，一忙就乱，一乱就慌。人如果慌了，就会顾此失彼，就会产生很多问题。所以事后，我们要广泛听取意见，再加以分析，分析有没有道理，公不公正，然后取其精华去其糟粕。这样才能吸收各方正能量，从而不断造就强大的的自我。

许多事情，平等不等于公平。因为付出的多些，贡献也大些，如果一味追求平等，对于贡献多的就是不公平。所以对各方的意见，我们还要考虑前因后果和事情的来龙去脉。从分析和比较中找到自己不足，并加以改正。

要知道自己的不足，还要不断学习。学习能够拓展我们思维的广度和深度。有时候对于原来认为对的事物，随着我们知识层次的不断提高，就会发现其中不足或者谬误。如，科学的进步就是在不断调整或否定前人的认识的基础上实现的。

随着不断学习，我们也会知道许多事情不是非对即错，实际上许多事情没有绝对的对错。如果一味执着于对错，就不会是一个受人欢迎的人。小时候，老师教导我们，做人要诚实，要讲真话。但是有时候，善良的说谎也是有功德的。为了使事情圆满解决而说一些无伤大雅的谎话，有时也是一种功德。

做事要知不足，因为不足正是改善情况的下手处，也是自我修行的下手处。

2015年8月10日

幸福其实很简单

人们都在追求幸福。不同的人以不同的方式追求着属于自己的幸福。

然而，幸福到底是什么？在哪里？每个人都有自己的答案。

前几天，我家浴室的下水道堵水，水排得很慢，我的心情很不好。自己通了几下，还是没有通。

虽然这只是件小事，一天也就洗那么一次澡，但是，这件事总是时时刻刻在心头，挥之不去。

生活就是这样，有些小事，想多了就成了大事。

这几天，通下水道这件事一直在心头。终于到了星期六，在家联系了物业，物业帮我联系了通下水道的专业人士。不到半小时，人员就到了，带了工具开始作业，不到十分钟就搞定了。我问多少钱，对方回答"一般出门就是五十元"，好像收这五十元还有点过意不去。

有些事我们很难办到，但是对于专业人士，可能就是小菜一碟。就像走路，对我们而言，简单到想都不用想就在做了，但是对于小孩，却是要花很多的时间去学的，是很难的。万事都是"难以登天，又易如反掌"，所谓"术业有专攻"。

对于这五十元的费用，我毫不犹豫地付了，因为我觉得，这也是有技术含量的工作，况且等于是帮我解决了一个大难题，等于是消除了家里几天的担忧，等于是给了我们幸福。

其实，幸福就是这么简单。有的人四处寻找却不知幸福在何处。有些人却终日享受这幸福。幸福属于懂得幸福的人。

拥有两家世界五百强企业的日本企业家稻盛和夫曾经出家，有一次天色已晚，化缘路上，一个扫地的老太给了他一些钱，要他去买几个面包填饱肚子。这时对他而言，每个细胞都感受到幸福。不久他就还俗了，去帮助更多的需要帮助的人。

人生是感恩还是抱怨，其实不在于事物本身，而是在于对事物的态度。

比如不小心踩了别人的脚，别人心里就很怨恨，想这人怎么不长眼睛。这时，你如果马上就说上一句，"哎呀对不起，不好意思，不小心踩到你了，怎么样，不要紧吧?"，对方可能马上就不生气了，反而说没关系。同是踩在对方脚上这件事，因为你的态度不一样，双方的感受就会完全不一样。所以对事情的态度，决定了我们感到幸福还是不幸。

有些人，我们看不到他们有啥可以幸福的，但是他们就是整天乐呵呵的，很是快乐。有些人我们认为他们没有什么可以抱怨的，可他们就是整天怨天尤人。一个人如果想抱怨，则万事万物都可抱怨。如果想感恩，则万事万物都可感恩。我们可以感恩社会为我们提供这么丰富的物质资料，提供给我们这么方便的生活。活一天，感恩一天。因为怀着感恩的心，内心就会充满阳光，看到的都是美好的。世界是自心的反映，社会是自己的一面镜子。我们怎样，生活就会怎样。我向着生活歌唱，生活就会报以微笑。

幸福就是这么简单。我们四处寻找，可能会找不到，终日寻春不见春。如果我们静下心来，用心去感悟，则幸福无处不在，无时不在。

有时别人的一个微笑，一句安慰的话，一个不经意的表情，可能会使我们感到幸福不已。

其实，许多时候，我们感到不幸福。不是事情本身有多悲惨，而是因为我们在追逐，在计较，在攀比。为了比别人更光鲜亮丽，就产生了不满足，产生了痛苦。其实，幸福在自己心里，不在别人眼里。幸福是珍惜出来的，而痛苦是比较出来的。

一个人如果老是生活在别人的眼光里，则永远都找不到幸福所在。因为没有人是不被评论的。如果你做好人，则坏人要说你。如果你做坏人，则好人要说你。如果你不好不坏，则好人说你不够好，坏人说你不够坏。人以各自不同的标准看，就有不同的答案。

幸福其实很简单。幸福属于懂得珍惜的人。

2015 年 6 月 14 日

人是个平衡体

平衡定律是社会的一大基本定律。自然界是个平衡体,有高山就有大海,有晴天也会有雨天。月亮有阴晴圆缺。万物有生有灭。

人自然也离不开这个规律的支配。

人从呱呱坠地,到最后回归泥土,又回到大自然中去,活的是个过程。

人从自然界中吸取营养,经过消化吸收,最后将其以粪便的形式回归自然,给植物做养料,促进植物的生长,就是一个平衡。所以人的生活,就是一个从自然界汲取养分同时又促进万物生长的平衡过程。

从五行的角度看,人的身体应该处在金、木、水、火、土五行动态平衡的状态。如果平衡,人就健康。如果哪一样太盛或虚弱,人就会失去平衡,就会生病。

从人的身与心关系角度看,只有身与心平衡,人才能快乐和谐。如果身心失去调和,则永难快乐。世上有事必有理,有身必有心。一个人如果身体健壮如牛,但是却胆小如鼠,万事都前怕狼后怕虎,总是担心这个担心那个,这样的人是不平衡的。这样杞人忧天,该如何快乐?同样,一个人若疾病缠身,终日缠绵病榻,也是很难获得长久的幸福的。只有身体和心灵都健康的人,才能成为一个长长久久幸福的人。

从我们做事情来看,人也是一个平衡体。每一件事其实都有两种结果。一种是表面的结果,另一种是内在的结果。有些事表面看是胜利了,其实人从中失去的远比得到的要多。许多事情是明里来暗里去的。如一个人老是爱占小便宜,表面看好像每次都是得到,而实际上每次都在失去,失去尊重、失去信任等。

当然，也有许多是明里去暗里来了的。影响我们最久的是内心的结果。这种看不见的影响是长远的，甚至对一个人是决定性的。一个人，如果不断地付出，他就会收获很多：收获欢喜，收获尊重，收获友谊，收获信任等。而这些都是无价的，对人产生的影响都是不可估量的。所以付出越多收获越多。这就是平衡。

人是一个平衡体。

达到平衡需要一个长期的修炼过程。

首先，要有一颗善心。

人只有为善，才会快乐。帮助了别人，就会让自己快乐。人人都具有善心，只有不断开发善心，才能广结人缘，增长福量，所以说善能改命。

一个人做了好事，帮助了别人，内心的气就会顺起来。而人的精气神中，气就是负责物质能量的运送的。气顺了，各种能量就会运送到身体的各个角落。而人如果能达到心气通畅，心正气顺，各方面就会达到平衡，就会健康。所以说善行能提升人的阳气。为善者乐。

其次，要不断扩大心量。

一个人只有将自己的善心和爱心不断扩大，才会不断强大，内心才能得到平衡。凡觉得苦都是因为内心不平衡，都是心量不够大，都是有所执，都是为自己的。只有把心量无限扩大，才会在宇宙能量的吸收与释放中，在大道中不断得到平衡，才能不断成长。

行善也是如此，凡是为自己的终究有限，只有从有缘扩大到法缘再扩大到无缘众生，也就是到天下一家，众生一体的程度，才会不断平衡各方势能。

最后，要修得一颗平常心。

平常心是内心的稳定器。没有平常心的人就容易被外在的事物所左右。好事来时激动万分，一不如意就垂头丧气，失去斗志，这样的人永远难以达到内心的平衡，也难以有大的成就。

平常心不是说有就有的，需要历事练心，不断发现并改正自己的缺点，不断提高自己的应事能力。这不是单单读些书就能解决的。纸上得来终觉浅,绝知此事要躬行。如果只读经书,就好像我们在读药方,而自己没有去吃药,即使我们读懂了全部的药方,对自己的病也并无多大的益处。所以我们不但要自己读经,更重要的是自己修。只有修才是自己吃药,对治自己的病才有好处。

人就是这么一个平衡体。人生应该是一个不断完善、不断平衡、不断壮大的过程。

2015 年 6 月 29 日

人要服老，不能认老

任何事物都有生住异灭的过程，自然有成住坏空的过程。一年有春夏秋冬的过程，人有生老病死的过程。人变老是自然现象，谁也无法阻挡。

人老了，做事经验丰富是优势，这是一笔巨大的财富，但是身体毕竟是老了，就像一部机器，组成人体的各种部件都会逐步走向陈旧，以致逐渐变坏。人老了，人体各种器官都会走向衰老。事物发展到一定的程度就会走向衰坏。

人幸福与否是由心态决定的，尤其是当人老了的时候。心态如何，对于幸福的晚年，对于自身的健康，都具有决定性的影响。

人老了，气血既衰，戒之在得。如果还是这想得到那也想得到，这也要管那也要管，而且都凭自己以往的经验而谈，往往是很难幸福的。由于年纪的差别，老人的观点是很难和年轻人的观点达成一致的，这是时代的差异造成的，没法改变。

人老了首先要服老，就是清醒地认识到自己已经是老人了。自己的各方面，包括思想、身体，都和以前不一样了。年轻时轻而易举做到的事，现在可能百般用心也难以做到。以前认为正确的事情，由于时代的改变，现在不一定是对的了。

有了这种意识，就会降低对自己的要求，就不会再以年轻人的标准要求自己，就能放下很多事情，这样就能正确对待自己，就会对自己有一个正确的评价。

如果没有服老的心态，就容易用老眼光看待新问题，越来越不舒服，容易愤世嫉俗，老是和年轻人唱反调。一些老年人引起别人的反感其实就是没有服老的心态所致。

人要顺应自然规律。老是不可抵挡的趋势，只有服老，才能让别人舒心，让自己安心。

但是，老了不能认老。不能认为自己老了，就一动不动，就全等下一代人来服务。要知道下代人有自己的工作和生活，每个人都有自己难念的经。如果认为自己老了，就想过着衣来伸手、食来张口的生活，那也是一种极不负责任的态度，而且自己也会越过越无聊，会感到极度的空虚，会产生一种在等死的感觉，反而加速自己的衰老。生命在于运动，生活在于"折腾"。老年人如果一点不作为，反而不利于自己的健康。无所事事，对死亡的恐惧也会越来越强。

年纪大了，还是应该在自己力所能及的范围内做些事情，如帮儿女带带小孩，做做饭。这些事情其实也是自己价值的体现。这样活动活动筋骨对自己的身体也是很有好处的，因为适当的劳动可以延缓自己的衰老。不仅身体，心灵更是如此——脑越用越聪明，而如果不用，就好像一把锄头，如果老是不用，就会生锈。

所以正确的态度是服老，但不能认老。这也是佛教里的中道，也就是有所为但是不能太有为，不能超出自己能力范围。能够把握以上这些，可谓得道，得和合之道。

2015年11月10日

人生是个环环相扣的过程

人生是由一系列的事情组成的。这些事情就像光一样重重无尽、无尽重重地压得人透不过气来。人生好像永远有做不完的事情。

所以有多少人,在临死时仿佛都是“含恨而死”的,仿佛再活几年,就会怎样怎样。其实即使再活个几年,等你临死时,还是有做不完的事情。这就是人生。

只要人还活着,他所经历的事情都是环环相扣的。一件事情的出口,始终是另一件事情的入口,没完没了。

一串串的事情交织,组成了一张社会的大网。我们能做的就只有通过自己的行动,影响周围的一个小点。只有做好自己该做的事情,才能去影响网周围的小点,向周遭传递一些正能量。

而人大都有自我的观点。都认为自己是对的,都想影响和改变别人。有时说很多的话,做很多的事,目的就是为了证明自己是对的,是聪明的,是过得好的。这就使人一直处于忙碌之中。

人在红尘,身不由己,可以世俗,但不能庸俗。在环环相扣的人生中,要学会把复杂的事简单化,否则万事牵挂于心,会很累很累。

要学会看淡,从而放下很多的事情。我们会看到,其实我们苦苦追求的,没几样是我们必须拥有的;我们会看到,许多东西即使我们拥有了,也只是指间沙,留不住,大多是没有实际意义的。

拥有这样的心态,就会得失随缘。相信不相信缘对于一个人是有很大影响的。相信缘的人会看得更广更远,会不以物喜,不以己悲,随时都有舒畅的心情，就会有坐在庭院看云卷云舒、看花开花落的闲情逸致，就有美好的人生。即使一时不如意，也能立刻放下。只有看淡的人，才不会被得失所伤害。每一天都过得法喜充满、快乐自在。

要学会看透。世事迷雾重重，世人往往难以看透。一个看透的人，他知道世界是一半一半的，有白昼必定有黑夜，所以得到不一定是好事，失去不一定就是坏事。我们只能是因上努力，果上随缘。

一个看透的人，会洞悉事物的规律。他会按照规律去做事，从而省去很多的时间和精力。

一个看透的人，他会想，我没必要拥有整个大地，我只要可以欣赏就够了。拥有了整个大地，我还要找地方去存放，就又增加了许多的麻烦。所以我只要会欣赏这个世界，欣赏这个世界的一切，高山、白云、流水、清风、明月就没有一样不是我的。不去追求所谓的拥有，而是追求欣赏的艺术，提高自己的生活常识。

要学会看懂。看不清、看不透主要是没有看懂。懂永远是最重要的，就像夫妻之间，懂比爱更重要。如果不懂对方，用自己认为正确的方式盲目爱着对方，结果可能是爱得越深，伤得越深，于是可能争吵不断，争吵变为斗争，变为战争，最后由恩恩爱爱的夫妻变为仇人。许多夫妻两人都是好人，但最后糊里糊涂地离婚了，根本原因就是不懂得对方，不懂得对方真正需要的是什么，以为自己需要的就是对方所需要的，当对方拒绝时，就抱怨不断，认为对方不识自己的一片好心。时间长了，矛盾就会升级。

人"有力不能自举，有目不能自视"，最看不清的就是自己。看不懂自己真正需要什么，结果什么都想要，什么都想去做，就形成强大的占有欲，就在无形中为自己设立一个又一个的牢笼，甚至步步紧压，让人透不过气来。

所以要真正看透，必须懂得人生的真正意义，懂得人真正应追求的不是物质的拥有，而是自己学识、智慧、灵性的开发，不要舍本逐末。请去掉很多不必要的、无谓的闲事，把有限的时间用在灵性、智慧的提高，以及生命自性的提升上。

这样，在环环相扣的人生中，人就会过得淡定从容一点，争取每一天都法喜无限。

2015 年 7 月 13 日

人贵在善

善是每个社会都需要的正能量。它有很多定义，其中一种为，凡是为他人着想的都是善。

对一个人而言，与人为善，是做人的基本准则。人的好命不是求来的，而是因善得来的，因为善有以下功能。

善能改命。

一个人与人为善，处处为他人着想，周围的人就愿意与他交往，他的人气就会旺起来，这是自然而然的事。而人气旺了，也就是所谓的风水改变了。风水改变了，自己的命也就改变了。这就是所谓得善能改命，所以说“积善之家必有余庆，积恶之家必有余殃”。

积善成德。

“道高鬼神泣，德重龙虎服”，可见德对一个人的影响。就是说一个人，善事做多了，别人对他有所信任，有所依赖，别人就对他敬重，无形之中他就形成了威望，所谓“道生之、德聚之”。一个人的事业、一个人的家庭，需要德，所谓“德不配位，必要遭殃”。这个德就是善出来的，“正而为神千家敬，富而有德万世尊”。重积德则无不克。

善能快乐。

一个人如果老是想着如何索取，如何做坏事不被人发现，就永远也不会快乐。因为得到了又害怕失去，又会有更多的忧愁。而一个行善的人，他总是不断地付出，不断地为他人着想，为他人考虑，把心放到无比大，忘掉了自我，提升了境界，所以他的心常常是快乐的。那些大慈善家，很多都是长寿的，就是因为在付出中感受到快乐，因为快乐，心正气顺，所以长寿。

一个处处与人为善的人，是一个充满着正能量的人，也是一个受欢迎的人，也是一个快乐的人。一个人做一件善事可能不难，如果时时做好事，做善事，为他人着想，就是一件很难的事，就需要不断地修，不断地改。

首先，需要一颗无私的心。一个人如果啥事都想着自己，把自己的利益永远放在首位，是不可能做到四处为善的。只有把自己的心放大到整个社会，乃至整个世界，达到无我的境界，才能够持之以恒地行善。

一个无私的人，遇事首先想到的是大家的利益，大家好自己才会好。人的心是无比宽广的，可以通达宇宙的。是私心，把人的心变得无比弱小，只懂得考虑个人的利益。

其次，需要智慧地看待。善恶看心不看行。也就是说，看一个人是善还是恶，是看他的出发点和动机，不单单是看他的行为。例如，对于侵略者，我们拿起武器，奋勇杀敌，也是一种杀生。但是这种杀生是为了保护更多的生命，是为了护生，所以也不能将这种杀生看成一种恶，“止大恶和扬大善是一体的”。所以，是善还是恶，需要一种智慧的眼光，不能仅看表面，要看其内在的出发点是什么。

最后，需要一颗无比强大的心。善恶如影，一个人内心的善念与恶念，总是如影如形，盘踞在我们内心。对于没有修行到一定境界的人，善恶总是在内心拔河，不断较量。没有人一生下来就一直做好事，人需要通过环境和契机不断磨炼自己，从挫折中汲取教训，从肯定中获得鼓励，不断感悟，最后做到“举世誉之而不加劝，举世非之而不加沮，定乎内外之分，辩乎荣辱之境”，从而练就一颗无比强大的心。这颗强大的心，可以克服周围环境的影响，克服来自他人的干扰，持之以恒地做善事。如果没有强大的心，就容易受环境的影响，可能会做一会儿善事，但一受到打击，就会放弃。

行善能使人快乐，能改变人的命运，所以我们应多行善。

行善需要强大的心、无私的心、智慧的心，而这一切都需要我们不断修行,在修行中不断将心改变,将心变强,让心变得智慧、变得无私。

2015 年 7 月 22 日

悟性也需要积累

一个人的事业能达到什么程度，是成名家还是大家，悟性举足轻重。

一个没有悟性的人，即使工作再熟练，也难有发明创新，也不会成名成家，最多只能是某行业的熟练工。一个有悟性的人，工作可能不是很熟练，但他总会发现改进的技巧，收到事半功倍的效果。例如一个人，可能从来没有写过旧体诗，刚刚起步，根本谈不上平仄押韵，但是，可能里面的某句话，或者某个字，就把整首诗的意境表达出来了，格调就提升了，灵气就显现出来了。一个有悟性的人，如果再加努力，就可能成为大家。相反，一个没有悟性的人，也很用功，他可能写了很多的诗歌和文章，平仄押韵也很完整，但所写的诗歌就是无法打动人。这样，即使写得再多，也只可能成为这个行业里面的一个名家，永远成不了大家。因为从熟练到跨越，再到卓越，需要内心的无尽付出，需要绞尽脑汁的思考。

一个有悟性的人，是一个好学的人。人的领悟要以知识为基础，没有知识的积累，领悟的也是空中楼阁，不切实际，是不踏实的。鲁班如果不是个木匠，当他的手被划破时，也不会想到发明锯子。若平时有这方面的知识的积累，有灵性的人，突破自我，就在刹那之间。牛顿如果平时没有对力学的思考，也不会在苹果砸中他的时候发现万有引力。只有某方面知识积累到一定程度，才能在因缘具足的一刹那，突然顿悟。顿悟是以渐悟为基础的。世界上的每一件事情，不是突然变化的。只不过有时候，我们看不到渐变，只看到突变。悟性出现的时候，就是凤凰涅槃的过程。

一个有悟性的人，也是个有思想的人。把知识转化为自己的思想，需要不断思考，不断运用。只有把自己所学知识的方方面面融合起来，将知识点结合起来，融会贯通，自然可以领悟。

一个有思想的人，更是一个会思考的人。他的大脑总在思考状态。即使做一件很小的事情，他也会思考有没有更好的办法，还有没有可以改进的地方。他的思想，他的大脑，与世界无穷的形态，总是处于对接状态，一有机缘灵感就会澎湃而出。而一个不会思考的人，就是习惯的奴隶，不勤于思考，习惯怎么做就怎么做，自然不会有所悟。天才，只不过是持续不断地经营自己的注意力而已。人之差别，不在身体而在大脑。

世界属于有思想的人。有思想的人也是有悟性的人。

一个有悟性的人，是个受欢迎的人。一个人，不论在工作中还是生活中，总会遇到各种各样的难题。例如，当我们的电脑出现小问题的时候，当我们的汽车出小毛病的时候，一个在这方面有悟性的人，就能轻而易举地解决这些问题。对此不精通的人，可能就要找修理店去修理。在生活中，这类事情我们经常碰到，给生活带来很多方便。所以我们周围有这方面悟性的人，就会很受欢迎。因为他能帮大家解决这些小问题，给大家带来大方便，所以他成了一个受欢迎的人。

悟性是一种积累，是一种思维的方式，是一种看世界的态度，对一个人的发展极为重要。所谓读万卷书不如行万里路，行万里路不如高人指路，高人指路不如自己开悟。因为知识总是死的，在行万里路中把知识用得活起来。高人因为站得高看得远，思路就不一样，这就是“闷坐十年山，不如名师一点竿”。而高人指路，一件就是一件，如果自己能够开悟的话，那就有了源头活水。

2015 年 7 月 24 日

一念之间的差异

经常有人问，天台宗的“一念三千”什么意思？

我说，简单通俗地讲，就是成为好人与坏人，上天堂与下地狱，就在人的一念之间。

按照我们常人的看法，一秒钟已经是很短的时间了，但佛教认为，一秒还可以分为七十五个刹那，而每一个刹那又可以产生九十个念头。人的念头是时刻相续、连绵不断的，就是在很短的时间内，也会产生许许多多的念头。

这就是佛教文化中所谓的“刹那不算短，劫波不算长”。

人的许多念头，是一闪而过的，对人没有形成多大的影响。但是也有一些念头，通过人的第七识“末那识”坚持，产生力量，影响个人的行为、习惯、思维，进而影响整个的人生。所以一念之间是很要紧的，甚至可以决定人生的走向。是流芳百世还是遗臭万年，是成佛还是成魔，都可能在这一念之间产生。

所以不要小看这个小小的念头。

这个小小的念头，有以下几个特点。

念头是突如其来的。

有些念头会不期而至。有时候，我们感到自己很强大，可以做很多很多的事情，甚至可以改变世界。但是有时候，我们又感到在自然面前，我们人类有太多的无奈，真的是非常弱小。有时候，我们想做很多的事情，读很多的书，但有时候，我们又想想读书还是自己思考效果好，还是多些感想比较好。这些念头,可能是突然而来,又突然就去了的。但是也有一些可能就在人们心里留下痕迹,产生力量,影响自己。

念头是连绵不断的。

人的念头是连绵不断、生生不息的。人的心就是一堆念头而已,就是由各种各样的念头组成。即使是高僧大德,要想念头不生不灭,也是很难的。智慧的人,当一些念头出现扰乱自己心智的时候,就会想到以更高的智慧的超越它,而不是去压抑,去打击,因为念头靠压是压不住的,就像石头压草一样,压住了一时,过一会儿又从旁边长出来。

念头是善恶相参的。

人的念头里面,有善的也有恶的,有好的也有坏的。我们人有时由于自己的私心,对自己有利的念头,就紧紧抓住,而对我们不利的,往往任之一闪而过。

这就使得我们人的一念之间,会产生不同的结果,所以我们要慎于始,控制自己的恶念,紧抓自己的善念,成就圆满的人生。

其一,念念灭恶。

当恶的念头产生时,如果不加以遏制,任其发展,就会长成树,开成花,然后结出毒果。就像一棵果树,如果根有毒,结出的果也是有毒的。所以我们要从源头上消灭罪恶,源净则水清。

其二,念念入理。

当念头产生时,就应该考虑,这个念头合不合常理,合不合道德。如果合乎常理和道德,对人类有益的,我们就应该坚持。反之,如果是不合常理或伦理道德的,我们就应该放弃。即使对自己的私利再有益处,也是应该放弃的。因为我们不能为私利而损害公共利益,破坏伦理道德。

其三,念念圆明。

每个念头出现的时候,都应考虑一下,这个念头会产生什么结果,对他人有何影响,付诸实践的时机是否成熟,因缘是否具备。如果这样思考多了,得出的结论也是圆融的,不是极端的。我们的行为方式,也不会偏激,更不会极端。这样的人生,也会是一种圆融的人生。

做人实在是很危险的，一念之差可能就会造就完全不同的世界。我们的每一步，都有可能走向成功，也有可能走向毁灭。人是随时都在变的，比如汪精卫，年轻时也是热血青年，刺杀载沣而成为革命偶像，但是后来变了，变成大汉奸、民族公敌，举国痛骂。当然也有些人年轻时候比较糊涂，但是，一念之间变好了，所谓“浪子回头金不换”。所谓一个转身两个世界，就是这个道理。

所以“看人要看后半段”。

一念之差会造就迥异的人生。

应把握好这一念之差。

2015 年 7 月 18 日

人与人的相遇是不容易的

大千世界，茫茫人海，人与人能够相遇，实在是很不容易。从理论上说，人与人之间的相遇至少要具备以下几种缘分。

从空间上说，世界那么大，空间那么广，我们有很多地方可以去。所以，我们能够在这么狭小的空间内碰到，是不容易的。

从时间上说，时间是连续不断的，无头无尾的。我们如果早一点，或者晚一点，都是一种错过，所以在这么一个时间点上相遇，也是不容易的。

所以说人与人的相遇是不容易的。难怪国台办主任张志军拜访星云大师的时候说的第一句话就是，今生一照面，多少香火缘。

确实如此，人与人的相遇，要具备多少的因缘。这种因缘我们是看不见摸不着的，但却是实实在在存在的。

人与人相遇靠的就是一个缘。

缘，无处不在，也无时不在，时刻都在影响着我们的生活，所以我们要好好地认识这个缘分。承认不承认这个缘，对我们的生活是有很大影响的。

首先，我们应该随顺因缘。

随缘不是攀缘。随缘是缘分来的时候我们珍惜缘分，缘分去的时候我们也不执着于缘分，坦然接受这种分离，因为这也是有原因的。一切因果皆因缘。这是一种世事看透心了然的大智慧，是一种大智若愚的人生境界，是一种泰山崩于前而不动的认识定力。

但是攀缘就不一样了。可以说我们的心随时都在攀缘。我们许多人平时看起来好像是淡定从容、不趋势不攀缘，但一有投机的机会，可能就会忘乎所以。其实，当你的境界、你的能力、你的学问达到一定的高度的时候，各种缘分，各种机遇，各种人脉，就会自然而然地来。而你自己人生没达到这个高度的时候，去攀缘，结果是强扭的瓜不甜。诸法相互缘起，世事不可强求。

其次，我们应该把握因缘。

万物缘聚则生缘，散则灭。缘分的聚集和消失，往往就是一刹那的事情。所以我们走的每一步，都有可能走向成功，也有可能是走向毁灭。每一步都是一个机会。对于强者而言，困难就是垫脚石，是促进自己成长的一个机会，借此可以壮大自己，提高自己。但是对于弱者而言，困难就是绊脚石，挡住了前进的道路。

是垫脚石还是绊脚石，关键就看我们内心强大与否。如果我们的内心足够强大。“世上无难事，只怕有心人”。

一个具备智慧的人，当缘分来的时候他尽心尽力地去做，就能使事情往好的方面去发展。因为世上难事，必成于易，最难的事也肯定由一件一件的小事组成的。当缘分去的时候，他也不会后悔不已。

所以当机遇来的时候，我们要把握住因缘。

最后，我们应创造因缘。

因缘关系包括因、缘和果。先有因，然后在缘的作用下、各种缘分的聚集下，产生果。所以我们应该尽量地创造因，创造有利自己发展的因，完善各种缘，结出成熟的果。世上没有无因的果，很多缘分是我们无法把握的，因为千头万绪，不可预料。但是因，我们还是可以把握的，我们应尽可能创造各种因。如，我们种下作物，这是因，但还需要水分、阳光、土壤这些缘聚集，作物才能成熟。在这其中，土壤我们可以改造，水分我们可以浇灌，但是阳光，我们无法把握。我们可以根据以往的天气，在选择有利于这种植物生长的时机，种下这种植物，以便结出最佳的果实。万一不能如愿，我们也可以再种。这就是创造更多的因缘。

随顺因缘，做好当下事。把握好每个因缘，不断创造善因。

2015 年 7 月 20 日

做明人，不做名人

名总是和利结合在一起的，因为借助名可以获得利。对利益的追逐，是人类的本性。所以许多人为了利，为了名，就不择手段。

本来一个人的名，是自然而然形成的，所谓“名非天造，必从其实”。只要引起大争议，就可以出大名，就可以得大利，这成为当今社会的现实。所以有些人为了博人眼球，可以把传统的道德全部抛之脑后，迎来骂声一片，结果却出了大名。这其实和整个社会的价值观有很大的关系。现在许多人的价值观，只要你在一定的位置，不管你是靠自己的学问上去的，还是踩着垃圾上去的，都不在乎。这样的价值观就导致了这样的出名方式的产生。

由此，一两个星期就可以打造出一个国学大师。现在可以说是大师遍地，但时代需要的大师却是寥寥无几。古代的大师做学问，是为提高自己的智慧，所谓“因心以会道”。就是用自己的心去寻找事物的规律、世界的本质。而现在的大师做学问，是为了“凭誉以显扬”，是为了得到别人的夸赞、社会的认同，而不是为了提高自己的心性。目的不同，结果当然不同。所以现在出不了真正意义上的大师，因为其根基不深，毕竟根深才能叶茂。“物速疾病亡，晚就则善终”，快速成就的东西，必不能持久。

现在的许多名人大都不靠谱，而明人则不同。

所谓明人，就是明白人。明白人看透了世事，悟透了生死。万事能知其因，知其缘，知其果，所以得之淡然失之坦然，泰山崩于前而不动，不为物喜不以己悲，看什么事都能看到因果，比如看到花开可以知道开花的因缘成熟了，故不会感到过度欣喜。看到叶落，也知道落叶的因缘成熟了，故不会感到十分悲伤，因为这是自然规律，自有其道理。一个明白的人知道，即使我们用尽所有的力气，也阻止不住一朵花的凋落。古人说，“与天地合其德，与日月合其明，与四时合其序”，明白人就能做到如此。

能够把别人看不明白的事看明白，把别人想不通的事情想通，并且尽快放下，这就是个明白人。

一个明人，他可能不是个名人，但他不会在意。他知道，名利财富都是虚幻的，都如天上的浮云，很快就会消散的。财富也不是越多越好，就是拥有再多的财富，没有欢喜又有何益？所以他追求精神的快乐和生命的提升。

一个明人，是一个大智慧者，是社会所真正需要的。一个明人，他的渊博学问、人格魅力，能感化和带动周围一大片的人。他能向社会不断地传递正能量。

做一个明人，需要不断学习、不断修炼。

首先，要有大学问。没学问成不了明人。做明人，需要读很多的书，在读书中思考，在思考中读书，把知识融会贯通，自己的眼界也就打开了，智慧也就产生了，生命也就提升了。知识能帮助解决问题，知识能提高见识，而见识提高了，胆识自然也就大了。所以说，干大事需要大学问。

其次，要有大境界。境界决定一个人视野的广度和精神的高度。境界高的人，他考虑的是众生的利益，不会首先考虑自我的利益。他不求万事公平，但求出于公心，总是把公字放在首位。

一个大境界的人，他看到的不是一时的得失，而是长远的影响。所以说，做大事需要大境界。

最后，要有大情怀。没有度化众生为己任的大情怀，成不了大事。因为智者的思想往往超乎时代。因此，智者大都是不能被常人所理解的，不能被世俗所接受的。所以，做一个真正的明人、一个大师，往往是孤独的。那些名利场的热热闹闹，不是明人所追求的。而能忍受孤独，成就大事，恰恰需要与天地为伍且不与小人为乐的大情怀。只有这样，才能忍受孤独，不被滚滚红尘所扰。成大事需要大情怀。

名人很多，明人不多。

名人不一定都是明人，明人不一定都是名人。

做明人，而不做名人。

2015年7月10日

人是一株植物

阳台上种了黄瓜、番茄等蔬菜，想着可以吃上放心菜了。

因为用心照料，刚开始时这些蔬菜比田里的长得快，但是过了一段时间，问题就出来了。

黄瓜在长了几个后，就开始变黄、变蔫。幸亏我及时喷药，楼下的一株保住了性命，但顶楼那几株我无力回天，都慢慢死去了。而那株番茄，虽然长得高，但是不粗壮，更不见结果。后来，田里的黄瓜、番茄已经可以瓜果满篮了，阳台上的还是不见长。

这让我想起以前我们单位的一株菊花，在办公室里时总是一副无精打采的样子。后来，同事小叶一气之下将它搬到了楼下的花圃里。没过几天，竟然开出灿烂的花朵，非常美丽。我们站在楼上观赏，深感还是要顺其本性，让其回到大自然，装扮大自然。

这也是接地气与不接地气的区别。植物只有接地气，才能充分吸收天地之能量，促进自身的生长。

人也一样。

从某种意义上来说，一个人也是一株植物，因为人从自然中来，从泥土中来，最后回归大自然，回归泥土。

植物吸收太阳的光和热，同时释放能量，在这个过程中促进自己成长。人也要在能量的吸收和释放之间达到平衡，促进自身的成长。

植物由地、水、火、风四大元素组成。四元素协调则成长，四元素不协调则生病，表现为了无生机。人也如此，四元素协调则和，四元素不协调则病，四元素消亡则死。

植物只有接地气才能很好地成长；不接地气，就无法达到四大元素的协调。人也一样，一个人只有接地气，才能知道社会之所需，百姓之所求；如果不接地气，就引不起别人的同感，得不到别人的认同。

植物的成长有其自身的规律，最好是顺应这种规律，任何违背自然规律的所谓帮助成长的措施，对植物本身都是一种伤害。人也一样，只有顺应自然，才能健康成长。每个孩子都是一朵花，只有花期的不同。我们要做的就是找到其真正所需，加以引导，而不是拔苗助长，对其进行填鸭式教育，一厢情愿地帮助其成长。如果那样，对孩子身心都会造成伤害。我们想让孩子赢在起跑线上，最终却让他们累倒在了起跑线上。

2015年6月14日

凡事都有好坏两个结果

时间过得真快，今天是中考结束的日子。

也就在一个多月前，一个好朋友的孩子填报志愿，成绩在天台中学与育青中学之间。如果发挥得正常就能上天台中学。但是万一发挥失常，成绩可能在育青中学的分数线内，但因为是第二志愿，育青中学也没得读。如果第一志愿就填报育青中学，万一正常发挥，也就失去了就读天台中学的机会。想来想去，想不出结果，所以很纠结。

人生选择最难，而人生又时刻面临着选择，故人生永远充满着变数。每一件事都有两种结果。现在是好的结果，可能马上就走向坏的结果。我们很难确定哪一种选择是好的，哪一种选择是坏的。

人生没有一劳永逸的选择。

选择了天台中学，顺利考上了，这是大好事。因为毕竟百年天中，历史的积淀很深很厚，各方面的环境都对成才有利。倘若报考育青中学，虽然其师资力量稍次，但是也算稳妥的选择。如果自己把握住机遇，吸取教训，弥补初中阶段的缺点，反而能促进自己的成长。这样的结果实际上还是好的。

所以关键还是选择之后，应努力使自己往好的方向发展。

人生很多时候的选择是没有好坏的。每一件事到最后可能都是好事，关键是你能不能坚持到最后。我们能做的只有在接受事实后努力使自己做得更好，不断突破自己。

要使每一种选择都往好的方向发展，需具备以下素质。

第一，努力学习，增加摄力。

也就是通过学习增加对知识的摄受能力。人的能力在学习中可以得到提高。学习知识就是打开观察世界的窗户。一个人只有不断学习,以此增加对知识的接收能力,才能使自己不断强大。

第二,不断思考,增加慧力。

知识不是力量,运用知识才是力量。知识只有经过自己的消化,才能吸收成为自己的力量,表现为对事情的洞悉和判断能力。其实所谓的神通就是经验的累积加上智慧的判断。

知识可以学,但智慧不能学,需要内化。

第三,不断运用,增加定力。

人做事需要定力。这种定力来自不断实践,不断总结,就是自己一步一步身体力行,在这个过程中练就的处世应变的能力。

一个有定力的人,能做到泰山崩于前而不动。而一个缺乏定力的人,一有风吹草动,就心猿意马,始终难以静心。一个人只有在静心的情况下,才能处于最好的状态,才能够把自然宇宙的各种能量都吸收过来,造就一个无比强大的自己。

凡事都有好坏两个结果。我们应通过不断学习知识,不断内化知识,不断运用知识来使每一项选择都往好的一面发展。而增加这种能力的前提就是多读书、多思考、多运用。

2015 年 7 月 31 日

一锅羹是和合文化的典型

一锅羹是天台的特色小吃，就是把细豆面、海带、肉类等各种食物混在一起，再在外面卷上食饼筒的皮，然后再放在特制的锅上敷热。这种食品简单方便又好吃。所以很受天台百姓的喜欢。

这几天，连续吃了好几天的一锅羹。星期三，我们社区余绍委家做一锅羹，绍委是我们溪林春天小区的社区主任，对社区工作很有热情，我们两家关系很好，他就邀我去吃了。星期三我都是吃素食，因此他还特地弄了几份素的一锅羹，香喷喷的，美味极了。

周日中午，我还在办公室。老婆打电话来问我午饭解决了没，得知我还没着落时，就叫我到东方一品许华伟家吃一锅羹。

我到时，一锅羹已经弄好了，金黄色的，好可爱，吃起来又是香极了，我再次美美地吃了一顿。

见之思之，多见之所以多思之，思多了就成文了，我就开始思考这种我们常见的一锅羹包含的文化内涵了。

这种一锅羹能如此美味，主要是因为一个“和”字。我们传统文化讲的是“五音和合，五味调和”，这个一锅羹就是五味调和的代表。

社会就是一种生态环境，肯定不是单一的，万紫千红总是春。不同的味道，在食饼皮的包裹下，组成一道美味，这就是对多样性的包容，所谓“和而不同”。

了解一个地区的民间文化，主要可以从饮食和语言两方面着手。从饮食方面看，一锅羹是天台和合文化的典型和代表，其包含如下三方面内容。

和众的人生。

社会是由各种各样的人组成，每个人的性格、脾气、习性，包括世界观、人生观都是不同的，就如一锅羹里的各种调料，每一样事物都有其特定的习性和营养价值。

面对社会，如果人们是以自己的性格标准来要求别人，难免四处碰壁，人缘肯定就不好。这个时候，与其能争，不如能化、能和、能合。一个人只有接受社会的多样性，具体问题具体分析，才能不断有所悟，才能有一个通透的人生。

和容的人生。

一锅羹美就美在不仅仅是食物糅合在一起，更重要的是通过在锅里的翻来覆去几下，让食物在味道上真正能够合一，也就是真正的相融。如果只有食物糅合，而味道没有糅合，那是表面的和合，不可能有美味的一锅羹。

人在社会也一样。身和容易心和难。人在一起不是团队，心在一起才是团队。没有心的糅合，就没有强大的战斗力。

一锅羹告诉我们，人与人不仅要能和，而且要能容，要有容合精神，要有容得下天下的宏识雅量。如果每个人都能容得下别人，社会就和谐了。

和美的人生。

做一锅羹的最终目的是为了追求那香喷喷的美味，在各种食物的和众、和容下制造出美味。

人生在世，每个人都在追求属于自己的幸福，但许多人苦苦追求，却求不得幸福，原因就是缺乏和的精神。食物需要和，人生需要和，社会也需要和。只有和才能创造出和美的、幸福的人生。只有和，才能创造出安定而美好的社会。

美丽的人生需要和的精神，健全的社会需要和的力量。

天台山是中华和合文化的发祥地。一锅羹又是天台山和合文化的代表。“小饮食大文化”，这就是我吃了几次一锅羹的感想。

2015 年 6 月 15 日

事情可赶，心不可急

早上起来，做完常规功课后，我发现今天有很多的事情要做。因为是周六，女儿上午要去补数学，下午要补英语。我要去乡下看望父母，又要去办公室，还要去剃头，中午一个同学约了几个文化界的前辈一起小聚，又不好推。简直是乱成一锅粥。

再多的事情都有个轻重缓急。如果没有个本末次序，就容易乱，乱了就啥都做不好了。我把事情分了类：一些事是必须马上做的，如送小孩；一些事稍次，如去办公室；一些事可做可不做，如中午可以不用接女儿，让她自己到大姨家去吃午饭，这样就节省了不少时间。

把女儿送到老师处后，我到了办公室。整理了一下，打印出一份资料，还看了半小时凤凰网的佛教内容。然后，我安安稳稳地到了老家，看望爸妈。到家时爸妈刚好在给表弟打电话，没人接电话。我把爸妈拨出的号码与我手机里储存的表弟的号码一对照，发现不一致，原来爸妈记着的是表弟原来的号码，我打通了表弟的电话，并且把新号码给了爸妈。

之后我和父母聊了下家常，聊到10点半，就出发回城里了。回城后见吃饭的朋友还没催，旁边的理发店也比较空，我就想抓紧时间去剃个头。没想到刚坐下剃了一刀，电话就响了。真不是时候，早一点，我就不剃了。没办法，我只好叫理发师抓紧点。

赶到时，别人都在喝茶。除了几个文化界的老前辈我认识外，其余几个大概是茶界人士，不熟。

吃饭开始。几个我比较熟悉的老前辈话不是很多。有一个我不大认识、据说是比较有名的前辈，话多得没完没了。其实我认为，在这种大家都不大认识的场合，话还是不要太多。我最讨厌的是在酒桌上表现出一副无所不知、无所不能的样子。

其实，重要的话一两句，重要的路一两步。没必要的话多了，就会显得有点浮夸。那位前辈的话我没有记住，他在我心中的形象倒是大打折扣了。

午饭结束后，大家又去了和合人间文化园喝茶。我坐了几分钟就告退。

回家路上，我还去修理厂修了一下车。

到家里，我睡了个午觉，然后开始新的学习。

下午 3 点 40 分，去接女儿。

回来后，我开始着手完成今天的感悟。

今天的感悟就是人生总有忙不完的事情。事情可以一件一件做，但是心里不能急。一急就乱了，一乱就容易一事无成。

有一个人问一个得道的老和尚："得道前干啥？"老和尚说："挑水、扫地、做饭。"这个人又问得道后呢。回答依然是挑水、扫地、做饭。那人又问区别在哪里。老和尚回答说："不得道前挑水时想着扫地，扫地时想着做饭。现在挑水时想着挑水，扫地时想着扫地，做饭时想着做饭。"

这就是得道与没得道的区别。

今天做了很多事情，却不感觉忙。因为轻重缓急安排得当，因为事情在赶，而心没急。

2015 年 5 月 30 日

人生有很多“鸡肋”

人生就是一个不断选择，不断坚持，又不断放弃的过程。有选择就有放弃，有放弃就有遗憾。没有圆满的人生，不圆满才是常态。

选择对一个人很重要。大的选择影响人的一生，小的选择影响人的心情。一次重要的选择有时可以胜过千百倍的努力。

在选择面前，人都是很为难的。

有许多事情，都是做起来没有意义但是放弃掉又很可惜的，就如所谓的“鸡肋”。人生随时会碰到这种“鸡肋”。

今年9号台风“灿鸿”，家里老房子的一些瓦片被风刮掉了，雨漏个不停，所以台风过后，母亲决定叫人翻修一下。

老房子翻修其实是件很麻烦的事情。老房子没有人住，但如果任其漏雨，可能没过几年，就要倒塌，还要危及旁边的房子，对别人的安全也有影响。但老房子翻修非常麻烦，而且也有坍塌的风险。如此，修房这件事就成了一块“鸡肋”。

母亲坚持要修，并且坚持以后要住回去。百孝不如一顺，我们也没办法，那就只有顺着母亲的意思。

叫来堂兄弟，他是建筑包工头。我们向他说明了意思，也说明了自己的难处。他指明了修理老房子的种种困难，认为最好出个折中的方案来，既顺着母亲的意思，又能安全翻修。

人生时刻面临着选择。我们要有快乐的人生，首先应学会智慧地选择，再学会坚持，然后再学会放弃。这对一个人的成长很重要。

选择随时都在。在这个资讯爆炸、是非难辨的时代，我们应学会选择。不会选择的人，会活得很累，因为什么都想去做，什么都想要，但人的精力总是有限的。忙忙碌碌，又求而不得，就会活得很累。

一个会选择的人，会分清轻重缓急。他总能把一天的事情、一年的事情安排得有条有理，做到忙而不乱、忙中有序。他总能知道什么时候做什么事情，什么事情要放一下。有些事情是急不来的，需要时机、需要因缘、需要外力。有些事情是经过努力可以做到的。这就是会选择。

选择选的是方向，我们人生道路虽然很漫长，但关键点就这么几个。年轻时可能一步不慎、全盘皆输，所以要学会选择。

应学会坚持。人最容易做的是坚持，最难做好的也是坚持。许多成功，总是在我们接近放弃的最后关头到来的。成功与不成功的一个重要标志，许多时候在于会不会坚持。不成功的人，往往坚持的是最初的五分钟。而会成功的人，则能坚持到最后五分钟。

世间的事情可分为三类。第一类是肯定能完成的。第二类是肯定完成不了的。第三类是在前两者之间，可能完成，也可能完成不了的，需要看人的努力。而事情总是以第三类居多。所以，只要我们不断坚持，持之以恒地努力，总有成功的机会。关键是看决心，如“学佛如初，成佛有余”，意思是说，如果我们学佛能坚持开始时的决心与勇气，就能成佛。

对确定的目标，应坚持去做。对于一些小的事情，一些认为没必要做的事情，也不要急着就放弃，而是缓一步。

人生有很多的“鸡肋”，这些鸡肋怎么选择，要不要坚持，要不要放弃，如果放弃，是全盘放弃，还是部分放弃、部分调整，是一门很大的学问。总之，我们要做的是将复杂的事情简单化，这样的人生才不至于太累。

2015 年 7 月 16 日

“坏事”的功德

前几天去了龙溪乡的龙溪书院，拜访了卢震道长。有所启发，回来就写下了《龙溪书院卢道长》一文，作为人生感悟。

过了几天，因为想到要用，所以打算重新梳理一遍，润色一下。打开Word文档，发现文章变成了乱码。按照弹窗的指示依次点下去，折腾了许久，文件依然找不回来。关了Word再启动，还是同样的情况，还是打不开。几次尝试无用，我就干脆关了，想着等上班时，找新建解决一下。新建是电脑专家，20世纪80年代计算机专业的本科毕业生，周围许多亲戚朋友电脑坏了，都找新建同志修理的。

上班时，新建听了我的情况，到我办公室调试了一下，还把文章用U盘拷去了。我说能恢复多少就恢复多少。不一会儿，新建回来说，实在没办法了，里面已经乱得一塌糊涂了，根本没法恢复。我说，实在没办法那也只能算了。

我还是不死心，又打电话给戴明哲同志。明哲也是电脑专家，他在行政服务中心上班。我把文章用电子邮件发过去，不一会儿，他就回信说，已经没法修复了，还建议，以后碰到这种情况最好不要乱点，应该先复制保存一份。

实在没办法恢复了。如果没有切身的体会，根本无法感受到这种茫然和失落。财物丢失，还可以再挣，如果得不到还可以降低要求。但是这篇文章，是经过深思熟虑、反复推敲，加上平日的积累才得以完成的。灵感是转瞬即逝的，是需要状态的，一时有一时的状态，没有那时的状态，即使有再多的感悟，有再丰富的感情，也写不出那时的感想，所以当时这种心情，真的是难以表达。

我的内心因此很是纠结。如果不重新写，时间久了，就没这种感悟了。如果重新写，写出的可能也是不一样的感受。而且，我的生活每天都有不同安排，重新写等于打乱节奏。

但最终我还是决定重新写。于是又开始回忆那天的情景，开始重新思考感受，开始整理写作的思路。

每一件事，即使是坏事，也有它的积极意义。事物总是一物连着一物的。就文件损坏这件事，我静下心来仔细想了一下，还是有它的正面功德的。

第一，让我对龙溪书院有了新的认识。

人的认识，是随时都在变化的。而且灵性的爆发，还要看因缘的。写作，就是思想升华的总结。只有通过写，我们才能真正地知道自己理解的程度。我们重新写，就是重新思考，重新认识。其实，再次思考，也是拓宽了自己的思路，对一些问题有了更深层次或者多方位的思考。原来是从正面看，现在是从侧面看。同一件事情，也是能以各种形态表现出来的。我写了两篇文章，实际上，也是这件事物的两个表现形态。也是把事情以不同的方式向世人展示，更是自己内心对这件事情两次思考的总结提炼。

第二，我得到了一个教训。

没有什么事情是绝对偶然的，任何事情都包含着一定的必然性。像这一次文章的丢失，其实不是第一次，之前已经屡次发生。不同的是，以前的文章没有这篇重要，也就没有像这一次一样着力去找，更没有重新去写。人是有惰性的。这次文章的丢失，算是给自己上了一课——遇到问题要早点解决。

这件事情还使我真正认识到，小事不能马虎。事后想想，幸好这次出差错的只是一篇文章，如果遇到系统崩溃这样的问题，自己又没有将文件备份，那对自己的生活和工作影响就真的很大。这让我认识到文件备份的重要性，所谓有备无患。这样一想，原来坏事变成了好事，原来悲伤的心也变成了高兴的心。这件“坏事”也变成了功德无量的事情。

2015 年 7 月 31 日

快乐是会传染的

离苦近乐是人的本能。任何人都想得到快乐，只是方式不同而已。

然而人不可能时时快乐。佛教里面有四难，其中之一就是快乐之后不苦难。

快乐有很多种，有做善事后得到的快乐，有自我得到肯定后获得的快乐，有分享得到的快乐。因此，一个人如果要想内心快乐，其实并非难事。

人的情绪是会感染的，快乐也不例外。当我们一群人在一起的时候，如果一个人情绪不好，不停抱怨、唠叨，也会影响其他人的心情。这样的人是不受欢迎的。谁都有难事，家家有本难念的经，我们不要因为自己的事情影响大家的情绪，这是做人的准则。当然，也有些人是快乐的传播者，好像他的世界永远都是快乐的，传播的都是正能量。这种人到哪里都是受欢迎的。

一个人要想传播快乐，自己需要有一个快乐的心态。没有快乐的心态，发现不了快乐。自身不快乐，当然也传播不了快乐。

一个人要想快乐，首先必须有爱。世界因为爱而丰富多彩，充满了希望。一个人如果没有爱，就没有精彩的人生。一个人如果内心充满敌意，他的世界就会充满仇恨，这样他看到的都是世界的阴暗面，他会时刻提防着别人对自己的侵犯，内心不得安宁。他的心将无处安放，永远找不到快乐。快乐首先是心的安静、安宁、安和。内心安宁，快乐自临。

爱有同事的爱、朋友的爱、亲人的爱等多种形式。有小爱，也有大爱。一个人如果拥有无疆大爱，他的痛苦就会很少，因为有爱就有牵挂，就有期待，也就会有付出，也就会有所为有所不为，也就会看到人生的积极之处，也就会与人为善，世界也因此变得精彩。

一个人要想快乐，必须有事做。人在内心里都希望得到别人的肯定。一个人如果整天无所事事，就会胡思乱想。能想是好事，但是不去做，有计划没有行动，永远是零。这种空想者，往往要求很高，目标听起来很远大。当他发现自己想得很好，但是无法实现，尤其是得不到别人的肯定时，内心就会痛苦不已。一方面书读得少，一方面想得多，同时又不肯行动，就永远处在痛苦和矛盾之中。

身忙，心不能忙、不能乱。忙而有序地做事，才是快乐的。在做事中体验到充实，在奉献中得到满足，在肯定中得到激励，在合作中得到友谊，这才是快乐的。为善至乐。

一个想要快乐的人必须要有希望。我们看到小孩一天一天长大，看到的是希望。我们看到自己种的菜慢慢地长大，看到的也是希望。人生的一切意义都在于过程。没有希望的人生是不见绿洲的沙漠。

快乐人人需要，并且人人在求。我们要善于找到快乐，让自己快乐，还要善于分享快乐、传播快乐，并让周围的人和自己一起快乐。这样的人生就是有意义的人生，就是丰富的人生，就是完满的人生。

永远不做坏情绪的传播者，而要做快乐的传播者。

2015 年 7 月 26 日

智慧的比较

早上，在办公室楼下碰见政协一位将近八十岁的老同志。我们没有共事过，我到政协时，他刚好退休。后来因为我做办公室工作，所以我们联系还是比较多的。

回到办公室坐下来想想，时光仿佛倒流。但是反过来一想，自己也是将近五十的人了，也快退休了。这么一比较，无形之中感觉又回到了昨天，又回到了刚到政协那个时候，又回想起欢送他们退休时的情景。

光阴似箭。看着小孩子一天天长大，我才感觉自己已经老去。如果没有比较，可能时间就在指缝中溜走，悄无声息。

其实，人也是在比较中确定自身存在的。每个个体，都是大海中的一朵浪花，也好像宇宙中很小的一粒尘埃。如果不通过比较，人根本感觉不到自己的存在。就好像坐标系，有时间有空间，一对照，就确定自己的位置。这个对照，就是找个参照物，找个比较的对象，通过和这个对象的比较，确定自己的位置。

所以人生其实很需要比较，当然需要的是正确的比较，需要一个好心态下的比较，需要智慧的比较。

通过对比，发现自己的不足，知耻而后勇，这就是正确的比较，而不是心生嫉妒，或者自欺欺人，或者妄自菲薄。其实内心里每个人都想知道自己的不足，但认识自己最难，用比较发现不足、改正不足，促使自己不断进步，有利于人生的圆满。

不正确的比较，比如攀比一些外在的东西，则可能使人永无满足之时。

一个人，如果执着于名利上的比较，容易迷失自我。

所以正确的比较很重要。我们可以自己找个参照物，同古人比，同先贤比。不让古人是谓有志，不让今人是谓无量。通过和古人的比较，我们能发现自己在学问或人格上的不足，经过努力，我们就能使自己内在各方面都达到一个新的高度。

比较什么重要。智慧的比较，应该是比学问、比功德、比精进。

学问是一个人的立身之本。人有三种力量：一种是权力的力量，是一时的；第二种是思想的力量，在于如何运用；第三种是人格魅力的力量，是潜移默化的，可以企及权力和思想达不到的境界。人的魅力，需要学问的积淀。一个没有学问的人，不可能有持久的魅力。

一个有学问的人，一定是个安静的人，有力量的人，也是个淡定的人，大气之人。所谓水深则流缓，人贵则语迟。

功德意味着你帮助过多少人，你成就了多少人。而帮助别人或成就别人，很多时候是以牺牲自己利益为前提的。但做好事，积功德，在很大程度上会使自己快乐。功德无量，福报亦无量。

一个人如果有高深的学问，又有了高尚的人格，那就是贤者。古人评论一个人成功与否的标准，即在于其是否立德、立功、立言。立言需要学问。立德，就是建立功德，就是在道德上起模范作用，就是功德。当一个人把自己的身心安住在对他人的功德之中，他的内心，就是付出了，也是充满喜悦的。

大凡学业、事业有成者，没有一个人不精进的。佛教把精进作为六度之一，也就是成佛的途径之一。只有不断精进，才会始终集中自己注意力做该做的事。这样，当因缘具足的时候，就会有一日千里的长进，因为“修行三大劫，开悟在刹那”。一个精进的人，他的内心是安静祥和的，是久久用功连绵绵为力的，即所谓不疾不徐，学道可成。

比较的对象便是一面可以照见自己的镜子。

人要智慧地比较。

2015年9月7日

说话影响人生

说话是人的思想意志的表达，是人际交往的主要渠道。

会不会说话，很大程度上决定了一个人的人缘、事业。会说话的人，一开口就让人喜欢，四处与人结缘，从而为自己的人生创造了一个宽松的环境。也有的人一开口就与人结怨，这样的人不仅没有好的人缘，而且事业处处受阻，生活会很不顺利。因此，说话这门艺术对人的一生影响很大。

一个人开了一家服装店。进来一位顾客，在试衣服。这时候服务员说，这件衣服就适合像你这么又胖又黑的老相的人穿。顾客听了很不高兴，就和服务员吵了起来。这个时候，店主出来打圆场了，说，请不要介意，请不要介意，这个服务员是乡下人，比较实在，不会说话，就知道实话实说。这么一说，顾客更生气了，又和店主吵了起来。

我们做生意讲的是和气生财。一个人能与一个顾客这么说，同样也就会和别的顾客这么说。这不仅招不来生意，还容易结了冤家，生意肯定不会兴旺的。这就是说话影响生意。出口就伤人的人，情商是不高的，不管做什么事，都会四处碰壁，不会有完美的人生。

说话影响人生。如何说话，可以考虑以下几个方面。

首先，别人是重要的。人都希望得到别人的尊重。要想别人尊重你，你就必须尊重别人。己所不欲，勿施于人。只有你真正尊重别人了，别人才会发自内心地尊重你。不论是私下谈话还是在公开场合说话，都要对别人尊重。老师对学生尊重，就会赢得学生和家长的喜欢，学生也许还会更有学习动力。领导对下属尊重和表示理解，整个团队就会形成易沟通的氛围，运作起来就会比较顺畅。所以一个人不能老是高高在上，不懂得尊重别人。不尊重别人，从内心上来说，是一种自卑。一个自卑的人，就缺乏自信。没自信心什么事情都干不好。所以尊重别人，也显示出一个人的自信。只有内心强大，才能态度平和。

其次，自己也很重要。尊重别人，不等于放弃自己的人格，尊重的前提是双方平等。如果一味奉承别人，或者不顾尊严地讨好别人，不仅不会为对方所尊重，还会被周围的人所看不起。所谓“敬尽则无骨”，凡事都有度，如果奴颜婢膝，说尽好话，完全没了自己，这样的人其实是忘记了自己，忘记了人格。话说回来，一个人如果激之而不怒，非有大量，很可能有所图。而一个人有大器量表现为，虽然对别人给自己的打击置若罔闻，但不会说出无骨的话，不会还倒贴上去。

再者，要切中要害。话不在多，入心最暖。滔滔不绝地讲了一天话，别人可能一句也听不进，或许已经听烦了，但出于礼貌又不好打断。会说话的人，不会说很多话，但是说出的往往是切中要害的，往往是能引人深思、发人深省的，往往是能惠及他人的。重要的路一两步，重要的话一两句。我们看一部长篇小说，听高僧讲经说法，如果其中能有一两句，让自己的人生受益，其实就不错了。这一两句，往往是富有智慧的，是以幽默风趣的语言表达出来的，同时显示了一个人的学识和见地。

如何把话说好，成就完美的人生，需要考虑以下几个方面。

第一，多学习经典。

学习可以增长见识，开阔眼界。经典著作里留存的是前人大量经过实践和时间检验的智慧，因此我们应反复研读，记之于心，运之于行。在与人说话的时候，随口而出，就可感化他人，使对方的人生也受到启发。这种经典读通了，读多了，我们说话做事和思考问题的方式，都会发生改变，整个人生就会发生改变——我们的思路就会变得开阔，我们的境界就会有所提升，我们计较的问题就会变少，我们就会看透人间的是非，我们所说的话，也会使他人获益多多，自己也会受到欢迎，从而有好的人缘。

第二，要会思考。

思考是一种劳动。思考的过程,也是对经典的消化过程。如果把我们读书当成吃饭,那么思考才是真正的消化。思考可以把知识转化为能力。知而不行,不是真知。例如我们学习“道”,“道”其实无处不在、无时不在,时刻影响着我们的人生。吃饭有吃饭的道,工作有工作的道。我们只有通过思考,把书本中的有关道的知识转化为生活中的得,才能够说出得体的话,如行云流水般符合自然之道,才会四处讨人喜欢。

第三,要会表达。

学到知识,经过思考,最终还要会表达。表达的方式有多种,其中最主要的是说话和写作。把自己的知识,用说话的方式或者文章的形式表达出来,才能使更多的人得到教化、获得收益。可见,表达显示的是经世致用的要求。

从历史来看,还是文章流传的时间更久,但是说话无处不在。更多的时候,对周围人影响大的,不是写作而是说话。而对于有些对社会影响巨大的人物而言,将他们的话整理出来,就是传世巨著,就是很好的教化人心的文字。如释迦牟尼虽然没有一篇文章,但今天的书店里,还有许多关于佛教的书。又如孔子,述而不作,但《论语》流传千古,影响深远。当然这些都是圣人,我们普通人达不到那个高度。话要说,文章也要留。言之无文,行之不远。

说话影响人生。要多学习,多思考,才能提高自己的说话能力,从而造就一个完美的人生。

2015 年 8 月 11 日

雨天阁楼洗心

衣服脏了要洗，我们的心灵也是如此。我们应不断地洗涤自己的心灵，让自己的思想不断得到净化，人生境界才能得以提升，生命的灵性也可由此得以开发。

人到一定的年龄，长相也会跟着变化。一个人如果整天想着如何算计别人，想着如何对付别人，如何占到便宜，就会显示出与其心性相应的长相。心者貌之根，人年纪轻的时候，皮囊是父母给的。到了一定的年龄，长相就显示了与其相对应的人生经历和精神状态。有心无相，心逐相生。有相无心，相随心亡。

心灵的洗涤需要不断忏悔。通过忏悔，才能使自己不断去恶从善。使自己的念头不断向善、向上，人也会越长越慈眉善目。

忏悔与后悔不一样。忏悔是通过改正缺点，让自己的行为更符合道。忏悔即反思，其本质是向前看，属于积极的人生观。但是后悔就不一样了，后悔只是一味沉溺于过去，没有把眼光投向未来，所以是一种消极的人生观。因此我们应忏悔而不是后悔。

所以佛教各派大都重视忏悔。

一个下雨天，我坐在阁楼上听着窗外的雨声，开始为自己洗心。想着自己还没有正式皈依师父，不过几年来，也读了许多与佛学有关的书籍，大师的开示也读了一些，自己也在努力践行，也在不断忏悔着，也在不断精进自己的佛法，但是总感到不够，感到学到的东西太少，感到自己的知识体系缺乏系统性。此外，我在表达上还存在严重的不足，有时候想法很多，但却无从表达。布道所需的知识和技巧很是缺乏。

这几年的佛学学习，主要有以下的不足。

第一，学得多，行得少。

学而不行，不是真学。学佛关键在于行。而我虽然学了一些杂七杂八的佛学知识，但是对于出家人的生活，对于佛教的基本仪式其实还是很不懂。因此，对于平常要注意哪些方面，如何按照佛的指示去做，如何把佛教的教义教规落实到具体的工作生活中，使自己的生活佛法化，使佛法生活化，我了解得不多，做得更少。

如真宗的出家人是要吃素的，而我每个星期吃一天素，想着，其实只要我们心中有佛，我们的饮食起居、日常生活都可以和佛相应的。不过还是需要经过正规的佛教培训，最好到寺院生活几个月。而我没有在寺里面住过，只是偶尔去一下，所以缺乏这种熏染，修持的功夫也没有长进。

第二，杂学多，经典少。

虽然各种名师开示、各种版本的讲经说法、各种佛祖传记我读了不少，但是最关键的经典却读得很少。除了《法华经》《心经》我既读了原典，还读了不同名家的讲解外，其余的大多读名家的讲解，我很少读原本。

尤其是原典，我几乎没有怎么接触。我也知道，要想在佛学上有新的提高，必须要读经。但是，这些经典对我而言太深奥了，不看注解根本就看不懂，所以还是多读法师的开示。这些开示看多了，却发现都大同小异，应该没有读原典那种开悟来得痛快淋漓，让人醍醐灌顶。

第三，背得多，悟得少。

一个人只有开悟，才能在不同的状况下，应对自如，从容说法。但是如果只是记背，即使记得最多，也讲不了法。因为情况千变万化，你永远也不可能记得那么多，所以只有让自己内心得以开发，才能找到源头活水。所谓记取之学，不是真正的学问。

我很缺少这种悟的功夫。我自己的见解是悟可以来自打坐。静下心来打坐，慢慢地，自己的智慧和潜能就会得到开发。而我最多也只有坐到两个小时，也就意味着自己的心还是无法真正的安静，修炼的火候还不够。

当然，知道自己的不足，也就知道了自己用功的下手处，知道了自己应该努力的方向。发现自己的不足也是一种功德。如果能够改正自己的不足，就会得福报，人生就会走向圆满。

小雨啪啪地打着天窗，很是好听。

2015年6月23日

我喜欢一个人走路

我喜欢一个人走路,边走路边思考。我一般在一定范围之内绕圈。如原来在椒江时,几乎每天下午晚饭后,我都要在对面的足球场顺时针走上三圈。一个人边走边思考,思考许许多多的问题。这是对自己学习的一种消化。回天台后,我形成了新的生活习惯,就是绕着小区对面的某大型建筑物走路。本来三茅溪健康步道也是很好的步行去处,但是考虑到人太多了,往往容易打乱人的思维,所以就转战他处了。在人行道上走,一则可以避开车辆,二则可以保持一份安静,所以就选择在这个地方走路。

当一个人走路的时候,可以达到身与心的统一。这种休闲性质的走路,身是自由的,因为不带有任何目的,纯粹为了走路而走路;心也是自由的,看到花可以想到花,看到菜可以想到菜,可以专心且深入地想,可以结合以前的知识上天入地地想。人许多时候的痛苦,是因为牵挂太多,“无牵挂,故无有恐怖,远离颠倒梦想”,这是《心经》里的句子。一个人走路的时候,可以自在地行走,也可以了无牵挂地想,身心皆自在。

一个人走路,可以达到动与静的统一。动与静是世界的两种基本状态。而当一个人走路的时候,两者可以达到完美的统一。因为身子动的,而心,虽然表面看也是动的,但实际上是静,因为这种动是可以把握的,是静的一种较高级的形态。这就是动中含静,是一种活跃的安静,也是一种内涵丰富的安静。这个时候可以回归真正的自我。人只有极小部分的时间在吃饭,绝大多数时间在消化。知识也需要消化,一个人这样走路时就是很好的消化时间。

一个人走路，可以达到人与自然的统一，达到物我两忘。这个时候，你就会感觉到，你就是世界，世界就是你，人与天地融为一体。你可以“朗然大功，物来则应”地回归到人的本性状态。

一个人走路，可以走出健康，走出思想，走出快乐，所以我喜欢一个人走路。

只有当一个人走路的时候，我的心才可以彻底放下，并且处于思考状态，思维不会被打乱，没有任何界限可以阻挡我的意识漫游。我还可以背诵经典，可以手舞足蹈，可以大声地喊，可以默默地念，总之我就是个自由的人。这种自由，这种自在，在茫茫尘世，对人来说是难能可贵的。

我一个人走路的时候，看到蓝天白云可以想到人生的无常，也可以想到人生的厚度与高度，也可以想到自然的变化，也可以推测天气的情况，等等。

万物深思皆可入道。只要我们深思下去，也许就可以找到其规律，把握其规律，也许一个重大的发现或重要的发明，就这样产生。人也许就这样开悟了。总之在思考的时候，如果灵感突然而至，就要及时抓住，不要任其溜走。

一个人走路的时候，我就是世界，世界就是我。人与自然相处的最高境界就是和。一个人走路的时候，可以达到身和、心和、内和、外和。这个时候，你就会听到花开的声音，听到血液的流动声，听到鸟儿的说话声，就可以看到世界的角角落落和自己内心的角角落落。人走不到的地方，有时候眼睛可以看到，眼睛看不到的地方，有时候心灵可以到达。

我喜欢一个人走路，边走边思考，因为这样可以活跃自己的思维，提升自己的境界。

2015 年 7 月 23 日

经行于松树林

溪林春天小区的松树林是其特色。平时累了，有事没事总喜欢去那里转转。尤其是晚饭后，在林子里木结构的步行道上来回转上几圈，心自然就会安静下来。

当一个人的心安静下来的时候，就会感受到世界无穷的美妙。

夏日的黄昏，林子里很少有人。一个人漫步在这个松树的世界里，就会感受到整个世界都是自己的。林子外面，车水马龙，还有那洁白的路灯。再远处，就是星星点点的人家。在这里好像置身于另外一个世界，既能看清自己，也能看清整个世界。

这片小小的松树林，至少是三种意义上的分界线。

第一，城市和乡下的分界线。

溪林春天小区，原来地处城郊接合部，由于城区范围的不断向西扩大，许多单位都移到了小区的西边，这里也变成了区域中心，各项设施都很完备，如地下停车位，如物业用房，如绿化带等。特别是近几年来，由于管理精心，小区各项指标都上了一个台阶。所以县里把这个小区作为对外宣传管理的窗口，作为对外交流的一个典型，经常有省市领导前来小区视察。小区还曾经是县里"六城联创"的免检小区。

溪林春天的南边就是高速的出口，在出口处的龙湾小区，是我县房价最高的地区。

但是溪林春天的北边，也就是松树林的外围，就是三茅溪的对岸，就是典型的农村。原来对岸是个养猪场，稍微上游一点是个养鸡场。由于"五水共治”工程，养鸡场养猪场都搬了。但是，乡下的特征还是很明显的，鸡犬之声相闻，人们日出而作，日落而息。我也在对面要了一块地，精心耕作。虽然我不太懂务农，但是可以边种边学，在种菜的过程中，也学到很多东西，也收获着生活的乐趣，最后还吃到了放心菜。

城市与乡下，除了地理空间的不同外，还有生活方式和生活节奏的不同。对于我们这些忙碌的城市人来说，乡下那种慢节奏的、舒缓从容的日子，是很有吸引力的。因此我认为，生活在这个小区是幸福的，既能享受到城市里的各种设施，又能享受到农村的生活节奏，这真是件美好而幸福的事情。

第二，热闹和安静的分界线。

由于“五水共治”工程的进行，原来三茅溪边的西溪滩地改造一新，变成了湿地公园。每天晚饭后，在这里锻炼身体和呼吸新鲜空气的人很多。而与之一墙之隔的小区里面，却是出奇的安静，安静得可以听见树叶落下的声音。除了地下不知名的小虫叫个不停外，几乎没有别的声音。而那不知名的小虫的声音，更增添了里面的寂静。

当初的开发商是很有眼光的。如果全部开发成住房，对开发商而言，可以增加很多收入。但是他们没有开发，而是完整地保留下来一整片松树林，这就大大增加了小区的品位和档次。其实我们当时把房子买在这里，有很重要的一个原因，就是这片松树林。

抬头，好像整个世界被高大的松树，分割成一个，一个圈。从而变成了无数的世界。有多少个人就有多少个世界。这里也一样，仿佛整个天空被松树叶分割成无数个世界。向前看，那一株高大的松树，好像是千军万马，好像是大战来临之际。低头，地下是软软的松树枝，好像地毯一样铺在地上。

这里是安静的。与外面的热闹形成对比，宛如两个世界，就是一墙之隔。饭后，这里小区的人坐在院子里聊天，拉着家常。外面来来往往的车辆，急着赶路。再南边高速公路上，更是忙。

第三，两种观念的分界线。

天台县有好几处松树林，也有人多次呼吁要保护这些松树林，作为保护生态环境和提升城市建设品位的一个关键因素，我认为这是很有必要的。

经济是一时的，环境是永远的。这片松树林，美就美在原始，美在能在城市的中心闹中取静。人都喜欢清风明月，而且人越是老越是好古，越对自然有一种向往。

所以，这片松树林，其实是两种不同观念的分界线，是热爱自然、保护自然与急功近利、破坏生态环境的分界线。

这边是郁郁葱葱的松树林，那边是星星点点的人间烟火。真好！

2015年8月7日

应成就他人的善心

去车管所年检车辆，车管所要上一年的保险单。我记得自己是把所有的资料都放在一个袋子里，然而去找时找来找去就是找不到这张保险单，几年前的倒是都在。

看看这些没用的保险单，我就随手扔在了旁边。这个时候，后边一个人走过来，说道："兄弟，你车上掉东西了。"我回过头来看了一下，报之以一个友好的微笑，说了声谢谢，然后随手拿起了地上的保险单。

为什么这样做，就为了那份善心。别人这么提醒你，是出于好心，我们应当成就。如果你说明了原因，说我不需要了。他再碰到别人掉东西的时候，也许会想，这个或许是人家不需要的，算了还是不用说吧。这其实是扼杀了他的善心。而相反，我说了声谢谢，然后又捡了起来，他就有成就感，以后碰到别人丢东西，他还会提醒。

阳光传递阳光，善心传递善心。我对他人善心的肯定，说不定会带动更多的善意，让更多人加入行善的行列中。所以，成就他人的善良，也是一种功德。看来功德无时不在。只要我们心念一转变，啥事都可以成为好事，都可以传递爱心，可以代表正能量。所谓"善恶一念间"，一念是魔，一念也可以成佛。

对于诸如此类的善心，我们应该尽量成就。

首先，我们要感恩。碰到别人在提醒，我们首先就应该感谢。这是对别人善心的肯定。如果不知感恩地说"不需要"，别人就感觉没趣，仿佛他是多管闲事。这样，他就有可能终止这样的善心，社会就少了一个传递正能量的人。

而且,一句谢谢言简意赅。所以,最好的选择是感恩,而不是解释。许多事情,解释是解释不清楚的,因为别人根本就不知道前因后果。

其次,我们要改正。说了谢谢以后,接下来我们要马上改过来。看到自己帮助了别人,看到自己做了好事的成果,他内心也会感到快乐无比。因为自己的一句话,使别人减少了损失,这是对自己最大的肯定。人需要他人的肯定,以帮助自己的成长。

如果别人提醒我时,我说了声谢谢,而不去捡地上几年前的无用的保险单,别人就会感到尴尬,感到没趣。这也是对别人善心的一种扼杀。

如一个著名演员,他上台表演时,故意把鞋带解开,这本是剧情的需要。但是,在他上来的路上,碰到一个人提醒他鞋带掉了,他不解释,说了声谢谢,然后蹲下来,重新系上鞋带,到没人的地方,重新解开。这其实是为了成就他人的善良,让爱心传递得更远更广。

再次,我们要传递善意。我们接受了他人的善意,就应该把它传递下去。从大的方面说,这是自身素质的表现。从小的方面说,从这是情感发展的需要。如果让那份善心,停滞于此,内心就永远有一种负疚感。把这种爱心善心,加以扩大,不断传递,这是对布施者最好的报答。

别人提醒我的目的不是为了我的报答。这种近乎本能的善良,是无我的境界。无我本来就有大爱。如果传递下去,就会形成一股滔滔洪流,形成强大的社会正能量。

所以我想把这份善心传递下去,这是对那个提醒我丢了东西的同志的最好的报答。

2015年9月6日

未熟的果实都是苦的

我爱吃香瓜，那种甜而不腻，齿颊留香的感觉，实在是太奇妙了，令人久久回味。

正是因为这种爱好，所以近几年来我是每年都种香瓜的。

去年，我种了四株，长势都很好。但是，天不顺时，刚结了一个果，暴雨就下个不停。田里也被水淹了整整一个星期，等水退去的时候，我的香瓜也被淹死了。而再种已错过了时节。所以，去年我虽然种了四株，但是实际只吃了一个果，留下来的是满满的遗憾。

今年，我也是早早地种下五株香瓜。由于精心管理，天公也作美，香瓜苗长得很好，结了不少的小香瓜。

下午，去田里锄草时，无意中发现了一个已经成熟的香瓜，躺在一个角落里，如果不仔细看，根本发现不了它的存在。我很高兴，马上把它摘下来，准备晚上吃。

晚上回家吃了晚饭，在小区里走了会儿路，等晚上的功课全部完毕后，就开始品尝自己的劳动成果。我开始拿着水果刀削皮的时候，感觉不大削得动，皮还是紧紧贴着肉的。这个香瓜可能还没有熟透，因为熟透了的香瓜是很容易削下皮的。

果然，用刀一切开，里面的香瓜籽，还密密地排着队。如果是成熟的香瓜，籽比较大而饱满，中间有间隔。我感叹，为什么没有成熟之前香瓜就这么难吃啊！而成熟的果实，又这么香甜！

妻子女儿不喜欢吃，所以这个香瓜最后被丢掉了。今年我采摘的第一个香瓜，就这样被浪费掉了，想想实在可惜。

瓜果如此，其实很多事情都是这样的。万物各有其因缘。时节的因缘很重要，什么季节产什么果，都是有原因的。万物有时，生长有时，成熟有时，收获有时，来有时，去有时，就如夏天荷花开，秋天菊花开，冬天蜡梅开，都有时节的因缘。

我们做什么事，都有一个关键点。能抓住这个关键点，事情就比较容易办成。米煮成饭，没到一定的时候就还是米，不能吃。如果火烧过了头，又变成了炭，更不能吃，所以做饭烧菜要掌握火候。走路也是一样，走过了头，和没到目的地，按性质来说是一样的，都是没有到达。

而人如果掌握这个时节的因缘，就会方便自己的生活，这也是顺应自然的一个行为，也就有点近乎得道。

第一，我们人只能顺乎自然。

万物有律，四时有序，这是自然规律，就好像春耕秋收，就是根据四时顺序来安排生产的。如果违反规律，就会产生一定的负面作用。如我们现在吃到的反季节的食物蔬菜，其味道就不如时令蔬菜。

近几年，全球各种自然灾害都出来了，这和人们对自然的过度开发有着密切的关系。恩格斯说："人对自然的任何一种开发，都会受到报应。"自然是个平衡体，都是一半一半的，有好的一半就有坏的一半，我们过度开发就是损害了一半，自然就会寻求一种新的平衡。如我们对森林过度的开垦，就会导致山洪暴发。

第二，我们应通过学习把握自然的规律。

一个人如果想学习，那是随时随地都可以学习的。即使是一件很细小的事情，我们也可以找到其规律，这其中包含了很大的学问。因此一个人要想成长随时随地都可以成长。佛教认为，万物都在讲经说法，解析着宇宙的真理。我们应知足知止，就像古人说，"知足知止惟贤者，能屈能伸大丈夫"。

我们说的知足知止，就是要知道，人生该做什么，怎么做，也要知道事情做到什么程度，才是恰到好处。古人有一门学问叫作止学，就是告诉人什么时候该停止，能够抓住这个关键时期的，就是一个智者。

这个苦涩的香瓜，告诉我很多人生的道理。凡事在“成熟”之前都是“苦”味的。其实这个香瓜也没浪费，有人从中悟得了道理，也是成全其生命的价值了。

2015年7月3日

锄草要除根

连绵雨季，使田里的各种杂草疯长，即所谓一阵雨，一阵草。

刚刚除过草的田里，几天没去马上又长了厚厚的一层绿。

难得一个晴天，下班后，我拿着锄头来到田里，再一次领略了杂草疯长的速度。100多平方米的田全被杂草覆盖，所有的空间全被杂草侵占——它们生长的速度真的太惊人了。

玉米和茄子长势较好，长得比较高密，周围杂草相对较少。其余的地方几乎全被杂草侵占。香瓜、甜瓜、菜瓜等，都被杂草重重包围，只能拨开杂草找瓜。番薯因为种得比较早，长势相对好一些，仿佛还在同杂草做斗争，密密麻麻的藤叶中间偶尔露出几根杂草，但也会发现番薯藤叶后继乏力，杂草却十分坚挺，正在拼命地扩展自己的成长空间，显示自己的活力。

杂草最多的是那一小垄的空地。我本来准备等天晴了以后，在那里种点青菜。这个时候已经被厚厚盖了一层草，并且高过了膝盖，根本找不到下脚的地方。其他的地方，凡是杂草长得旺盛的，作物一般都长不好，半死不活。

这就是杂草在我锄草不到一个星期的地里的生长速度。看杂草这嚣张的程度，仿佛不加限制，任其疯长，它们就会攻城略地，不到几年就可以布满整个地球。

而我们人类是一次又一次地锄草，这是因为我们知道，虽然杂草是除不完的，但只有除了这种草，我们的作物才能在一定的时间内获得很好的生长。所以我们周而复始地做着锄草的工作。

万事都有一个窍门，都包括一定的道理，都在诠释着一定的真谛。在不断地锄草过程中，我也有了一定的经验，积累了一定的知识。那就是，锄草一定要除根。因为草是一种生命力极顽强的植物，必须根除，不然其生长得更快。锄草时，应避免以下几个方面的操作。

其一，只是把草拦腰截断。

草不会因为我把它拦腰截断而死，它的根系太发达了，遇着水分和阳光，它可能会长得更加茂盛。有些植物是可以迁种的。一种草叫革命草，如果没有除根的话，你把它砍成几截，过了几天，它就能长成几株。所以如果没除根的话，反而会越除越多。没过几年田里就都是这种革命草。

其二，除根没有彻底。

有时候我们用锄头锄下去，草的根只是动了动，但没有离开过泥土。这个时候，如果第二天没有再去翻，这草是不会死的。特别是遇到雨天，雨水一打，根部又归于泥土，慢慢地就有了生机，之前的工作就都白做了。

其三，未让根脱离泥土。

一些大株的草，根系很发达，连根拔起后，根上还带着很多泥土，如果有水分，有阳光，那它自己还有一个小世界，所以还是不会死的，还会长得更茂盛。

看似简单的锄草，其实包含着很大的学问。要想正确地锄草，首先要彻底除根，不能让根粘连泥土。除完草后还必须过个一两天再去翻。这样它的根部就没有了水分。没了水分，太阳一晒就死掉，这样作物就能够获得很好的生长。这样锄草也会有一个满意的结果。

万事同理。锄草要除根，做事要做到位，做圆满，要从因上去解决。

但是现实生活中，能把事情做到位的人，需要一定的修养，需要不断地学习，不断为他人着想。如开车，经常可以看到，有人就把车停在路中间，自己出去干别的事情了，虽然只有一会儿工夫，但是对别人的影响是很大的。旁边的车辆都要绕道而过，还可能造成交通的拥堵。如果多为他人着想，就不会把车停在路中间就走了。做事不到位、做得不圆满，也就是缺少文明的表现。

如何能把事做到圆满彻底，可以在以下几个方面着手。

第一，把心变大。

一个人如果只想着自己，就只会考虑自己的利益，以自己的方便损害了他人的利益。他的眼中就只有自己没他人，他就会把车停在路中间，他就会闯红灯。只有把心变大，才会看到他人。一个能为他人着想的人，就会考虑到他人的利益，他人的方便，就不会乱停车，就不会闯红灯，也不会乱说话，也不会长时间开慢车占用快车道。

第二，把心变强。

只有强大的内心才能接受不利自己的事。也只有一个强大的内心，才肯放下自己的一些利益，方便他人，便利社会，圆满世界。孱弱的心会左右摇摆，一旦损害到自己的利益，可能就会改变初衷。

第三，不断忏悔。

人的心念像大海的波浪一样起伏不定。念头有好的也有坏的，有自私的也有无私的。遇到了好的因缘，会产生无私的念头，反之则产生自私的念头，甚至是恶的念头。这是由人的本性所决定，无可厚非。一个强大的人，总是通过不断地自我忏悔除去心魔，走向善，从而使自己的人生走向圆满，修成正果。

锄草要除根，做事要圆满。

2015 年 7 月 5 日

做父亲是我一生的责任

2002年5月31日下午5点18分，女儿在天台人民医院出生。一般都认为，是父母生养了儿女。实际上，那仅仅是肉体上的。而精神上，我认为恰恰是儿女成就了父母。没有女儿，自己永远也做不了父亲。

女儿出生的一刹那，我好像一下子就成熟了许多。人生的角色来了个大变换，好像一下子世界变大了，天空也变开阔了。

养儿方知父母恩。很多事情，只有当我们经历了，才知道其意义。

女儿出生至今已有十四个年头，从一个不会自己吃饭、自己说话、自己走路的小不点，成长为今天独立自主、个性鲜明又活泼可爱的小姑娘。回忆起这些年头走过的路，做父亲的只感觉既艰辛又幸福、既痛苦又快乐。

虽然整天生活在一起，能够真正回忆起来的，都是一些微乎其微的小事，也许这就是真实的人生。

女儿第一次去幼儿园，三岁又两周半。当天早上送去，9点时老师来电说女儿一直在哭，我只好前去接她。女儿见到我，好像找到了大救星，立刻停止了哭泣，但一时还止不住，还呀呀个不停。我把她放在旁边，她躺了好长一段时间才停止哽咽。之后的那个双休日，我带女儿去幼儿园玩滑滑梯和秋千，等她熟悉了，玩开心了，才和她说明天她还到这里来，但这时女儿已基本适应了环境，很快就答应下来了。

女儿六岁那年夏天的一个晚上，我带着她在丰泽小区公园里玩。我想试试女儿的胆量。在荡秋千时忽然躲在一株树后，女儿停下来，转身发现没了爸爸，第一个反应就是叫，叫了好儿声见没人回答，接下来就是哭。哭了一会儿旁边也来人了，我也出来了。见到我，她马上就停止了哭泣。

有关女儿成长的点点滴滴，都历历在目。我自认为不是一个优秀的父亲，但自信是一个尽责任的父亲。女儿也不能算得上是一个出类拔萃的人，但至少是一个身心健康、三观正的人。我认为这样就够了。

如果单是身体健康，心灵不健康的话，很容易出问题。现在女儿和我既是父女，又是朋友、哥们。什么心事，什么好消息，什么对新问题的看法，她都会和我说，有时也会在车上讨论不休。

因为孩子现在正在成长期，人格还未成型，还有很多的不定数。所以我一直就教育女儿，善的、恶的，好的、坏的，要有一个自己的判断，不求把女儿培养成杰出的人，只求培养成幸福快乐的人。所以我对啥教育研究班和研究会，其实都不感兴趣，因为我对一切太过商业化的、喧闹的东西都没有好感。

生孩子就要担负起养孩子的责任。教育孩子就像牵着蜗牛散步，不能操之过急，要按他们的节奏来。我们可以给孩子自己的爱，但不能强硬地给他们灌输我们的思想。我们只能以自己的思想影响孩子，她如果认为我们的观点有道理，自然会接受，会向我们靠拢。有时候，在车上，女儿老是问我，刚才这句话咋说，再说一遍，因为她认为比较好，以后写作文可以用。有时候，她也会到我的书房翻翻我的学习笔记。对此我深感欣慰。我们给儿女的是爱，而不是控制。爱是磁场，不是绳索。爱是吸引而不是捆绑。大多数的家长都是以爱的名义控制儿女。这样的爱其实已经异化了。这样的教育对孩子的思维、人格都会有影响。

有时候父母做错了，就要勇敢地认错。认为自己永远对的家长最失败。不要觉得自己是长辈，认为认错是丢脸的事，因为对于孩子来说，家长“知错能改，善莫大焉”的榜样对其三观的影响必然是积极的。

一流的家长做榜样。二流的家长做家教。三流的家长做保姆。

做父亲是我一生的责任，关乎女儿的幸福。

2015 年 5 月 31 日

有一种幸福叫唠叨

周日回家，母亲照例是拿出为我们准备的土鸡蛋，并且反复嘱咐："就放在眼前，走时别忘记。"

然后她开始唠叨，说爸怎样懒惰，行动怎样不便，别人的话怎样伤害了她，我们又是怎样不理解她，鼻息肉和白内障动手术是怎样抽血的，隔壁的邻居又和别人吵架了，老房子又漏雨了，等等。

这个时候，我就只有倾听的份，什么解释其实都是徒劳的。

但是我还是会穿插一两句话，譬如帮别人解释几句。这时母亲就会说我什么都不知道，然后就强调别人都是有意为难自己，自己就算错了也是出于好意，应该可以轻松得到别人的原谅和理解。

话说回来，这也难怪母亲。母亲家里五个兄弟姐妹，她是老大，从小没上过一天学。还要负责带弟弟妹妹，从小就吃尽了苦。从我有记忆起，妈就是很辛苦的，整日劳动，还要四处借粮食，真的是有了上顿没下顿。后来母亲也生了我们兄弟姐妹五人，爸身体不好，而且在村里以懒惰出名。在这样的家庭里，在那样的穷苦环境里，妈只有辛勤劳动，以柔弱的身躯支撑起这个家，我知道，能把我们养大，她就已经很不容易了。我从小就听到好几个在说我母亲是铁骨，骨头气很硬的。其实哪有什么铁骨，她的骨头里面只有对我们无尽的爱，然后让爱转化为无穷的力量和坚强的信念。

真因为母亲的坚强，我们才得以顺利地长大成人。也真因为母亲的坚强，我们从小就学会了自立。母亲不识字，见识有限，她认为社会人生总体是好的，但是老是抓住一些小的细节说个不休。

有时，了解一个人是很难的。理解一个人却不难。

等母亲唠叨得差不多了，我问了一句："那你说别人对你好不好？"她又说好。我又问："那你为啥还说个不停，说她们的不是。"母亲表示，说了舒服些，不说不舒服。其实她们对她真的是很好的。

其实，我知道，这是母亲对幸福的一种表达方式，就像有的人以手舞足蹈来表达自己的幸福，有的人以大吃大喝表达，有的人则"幸福"两字不离口。

幸福在自己心里，不在别人眼里。七十七岁高龄，又是文盲的母亲，不会用丰富的修辞来表达幸福，加上她从小硬气，人又实在不善于表达情感，就是以这样的方式表达着属于自己的幸福。也许有时她认为的幸福就是事事如意，但是人生没有圆满，不圆满才是人生。母亲把这些不圆满的话说出来，其实是希望能够更圆满，因为除了这些，其他就是圆满的了。所以，她不停地说着这些不圆满，看似发牢骚，其实是一种内心的真实流露，是一种希望大家都更好的心境，是一种追求，一种期盼。

而有所求总是苦的。母亲把她所认为的这些所谓的苦都说出来，是希望消除这些苦，达到完满的人生。换言之，就是除此之外都是好的。如果这些改了，人生就完美了。

而母亲对我说这些话，目的并不是要我解决什么问题，需要的只是有人听而已。每个周末，我回家，问钱还有没有，她都说有的，因为这边政府的养老金都没去取，那里田租又可以拿了。但是听她唠叨是我必须做的，已成了惯例。每次回家，拿几个土鸡蛋，然后听母亲唠叨唠叨，然后回来，一直如此。

孝心其实是一种理解。对于孤独的父母，陪伴是孝心。对于唠叨的父母，倾听就是孝心。而对于缺钱的父母，给钱就是孝心。

人内心世界总是复杂的。杨绛说，"人生感激不尽，抱怨亦是无数"，也许这就是真实的人生，比如有些夫妻吵吵闹闹过了一辈子，不吵反而不舒服。家不是讲理的地方。有些为人妻的老是说爱人的不是，说他饭也不会烧，地也不会扫，家务一点不做，但她自己边做边说，天天如此，年年如此。这何尝不是一种幸福？这是幸福的一种宣泄啊。

一位作家说母亲是自己精神世界的玉皇大帝。此话确实不错。我所做的很多事情，其实都是为了母亲而做的。小时候被人欺负了，母亲是我们的保护神；长大了，母亲是我工作的动力和方向。几天没见，心里总会惦记着她是否安好。每个周末都去看望母亲，心里就会踏实好几天。

母亲也把我们作为精神支柱和生活的全部。我刚到椒江的时候，连续几个星期没回天台，也就没去看她，只是电话问候。她就很着急，问了姐又问哥我的近况，直到我去看她才放心。

每次临走的时候，母亲总是要送我到村口，并且千叮咛万嘱咐开车要仔细，路上要小心，然后目送我离开。这种场景我太熟悉了。我的女儿十六个月大，托付给母亲带。每到下班时，女儿总是要拉着她奶奶的手，朝着我们回家的路望个不停，直到我们出现，就兴奋得上蹿下跳。

母亲的唠叨，其实代表的是她自己的一种幸福。这种唠叨需要倾听，而不是去解决，更不是去反驳。母亲需要的不多，也很简单，就是有人陪她说说，让她解解“气”。

倾听母亲的唠叨也是一种幸福，是我生活的很重要的一部分，啥时候听不到了，可能反而会失去了人生的方向。

2015 年 6 月 9 日

家妻如友

妻子有多种:有的如怨妇,整天埋怨不停;有的如母亲,对丈夫照顾有加;有的如朋友,与丈夫无话不谈。

我的妻子有如朋友。

人与人相遇实属不易,能够走到一起,那是因缘际会加上感情的水到渠成。2000 年我从乡下刚到城里时,无处安身,四处租房。妻子那时成了我的房东。

夫妻是最难相处的。两个人非亲非故,却要执手一生。但是,夫妻之间又是最好相处的,人到中年,爱情早就是亲情的一部分了,所以"至高至明日月,至亲至疏夫妻"。最易相濡以沫的也是夫妻,最差的互相残杀的也是夫妻,其实都来自于内心的一念之差。

有人说每个人一生都要结三次婚才能牢固,我认为讲得有些道理。首先是夫妻之间两人的结婚,其次是和对方的脾气秉性结婚,最后是和对方的家属结婚。第一次在饭店里,热热闹闹地办了酒席。第二次在家里,两个人在性格上磨合。两个人相处,性格、人生观即使再接近,也不可能完全相同,所以需要磨合。第三次是在双方的家族里,两家人变成了一家人,夫妻间的感情就转化为了亲情。

处理夫妻关系是需要智慧的。

现在很多人,只在饭店里热热闹闹地办了婚礼,根本走不到双方家族认可的地步。

一百对夫妻有一百种相处方式。两个好人生活在一起,并不一定能造就美满的婚姻。两个表面很配的人在一起,有时反而没有好结果。而两个别人看起来不相配的人在一起,有时关系反倒十分牢固。这就是婚姻的复杂之处。

妻子是个律师,我是学佛学的。两个人好像是完全不同类型的,但是我认为,其实从工作上看,我们也有共同之处,都是为了和谐。法律是在末端解决问题,佛教是从源头解决问题,所以也是有共通之处。所以,从这个方面可以看出,我们是可以相互理解的。

夫妻之间相互懂得是很要紧的。如果双方都想当然地以自己的方式爱着对方,这其实不叫爱,叫占有欲,本质上不是付出,而是为了得到,不是无私而是自私。

真正的爱不是这样的以占有为目的的爱,而是相知和相互尊重。人不仅有物质需求,还有精神需求。夫妻之间需要充分的情感交流。有时候,一个人就是需要另一个可以说说话的人而已。

找一个彼此能说说话的人,就是找一个知心朋友,一个能在精神上产生共鸣、在生活上相互关照的朋友。

我和我的妻子就是知己。对我来说,她既是妻子,又是朋友。家里气氛很好:双方也没有过多的物质要求,她对我潜心读书,整日不理世俗事这一点也无奈地表示支持,对家里老人也十分尊敬。日子过得虽然是平淡的,却是幸福的。真实的生活都是平凡的。情深不寿,细水长流才是真。

家就好像一桌酒席,爱是主食,关心和爱护都是菜,幽默则是酒水饮料。

我想,在离婚率这么高的今天,夫妻之间能和谐相处,对家人、对社会,都是一种负责任的表现。

夫妻间如何相处,我归纳为以下几点。

第一,彼此尊重。

这是第一位的。如果连起码的尊重都做不到,那就根本谈不上爱。只有彼此尊重,才能互相了解,共同进步。

佛教认为人天生都有一种我慢心,就是认为自己是对的,别人是错的,别人不如自己,于是对别人的观点首先就加以否定。夫妻的矛盾说到底是源于本性和习性的矛盾。本性是原来就有的，习性是后天养成的。习性就是老是以老眼光看对方，对对方有成见，就是对方一说出某观点，想都不想就认为对方是错的，就加以否定，不就事论事。时间久了，就产生了矛盾。这种矛盾，如果不知排解，就会日积月累，变成大问题。

因此，只有彼此尊重，才有和谐的夫妻。

第二，彼此包容。

结婚以后，夫妻双方可能都想着改变对方。而实际上人是很难被改变的，所以家里经常会经吵不断。这时，如果我们变改变为包容，情况就会有所好转。

我们可以说，百人百样，每个人都有自己的特点，这些特点有时无所谓缺点和优点。如果利用得当，缺点也会转化为优点。两个人相处，即使人生观再相近，彼此再尊重，也不可能完全一样，完全相互理解，所以彼此包容很重要。

只有不断包容对方，才能造就幸福的婚姻，否则家庭永远没有安稳之日。家其实不是个讲理的地方，而是个讲爱的地方。

我们结婚快二十年了，蓦然回首，发现妻子为我改变了许多。我也为她改变了许多，这里其实就包含包容的力量。不是去改变对方，而是去改变自己。

第三，彼此促进。

夫妻就像一双筷子，要吃好饭，就要互相配合，如果一方特别长，而另一方特别短，就吃不好饭，所以要彼此促进，共同进步，要在学问上、思想上、境界上共同进步，相互成就。

如果一方思想进步很快。而另一方没有明显的进步。这说明进步的一方其实气场还不够强大，不足以影响对方。如果气场足够强大，完全可以影响周围的人，何况是日夜相伴的夫妻。

家妻如友，是一种福分。

2015 年 6 月 12 日

欢喜最重要

自从大姐家那株杨梅树开始结果以来，每年的6月中下旬，大姐总要打电话催我们去拿杨梅，好像这是每年的必修课一样。

我知道，大姐这样做，一是以喜。好事因分享而增值。大姐认为杨梅树结果就是好事，当然要与我们分享一下。二是以爱。爱是什么，是时刻惦记。

今年也不例外。6月21日中午，大姐来电话问我下午有没有时间，她家的杨梅可以采摘了，晚了怕被各种鸟吃了，或者有的掉到地上，就不好吃了。我因为昨天刚去看过爸妈，下午也有别的事，实在不想去，就说没工夫，但是又不想伤大姐的心，就说明天吧。

下午，大姐打电话说自己和外甥已经在摘杨梅了，因为如果被雨打久了，杨梅的味道也就变了，不好吃了，并且要我第二天就直接去爸妈那里拿好了。

第二天一大早，我就和妻子前往老家。

妈已经知道我们的来意，就直接拿出了放在冰箱里的两篮杨梅，说一篮是给大哥的。

说实在的，这些水果，我也不大喜欢吃。即使要吃，买起来也是便宜又方便。像今天，如果从经济的角度去算，实在划不来。一篮杨梅最多也就二十元，而我们油费岂止于此。况且这杨梅品种并不是很好，妻子吃了一颗，就再也不吃了。而我还吃了好几颗，但这种酸酸的感觉实在不会让人想要多吃。

但是仔细想来，以上这些“不划算”都是最表面的。许多事情，是不能单单从经济的角度去衡量的。

假如我不去拿的话，姐不高兴，妈不高兴。而家人的高兴是无价的，家和万事兴。假如我不去，最后结果可能就是大哥开着电瓶车去，而我一个小时就能来回，大哥可能需要一个上午。而那几元的油费对我们又算是什么呢？是几乎可以忽略不计的。

所以回过头想想，这样的事何乐而不为？得到了父母的欢喜，得到了亲人碰面的机会，还得到了承载着满满爱心的杨梅，这些都是得到。

我把杨梅拿回家，思忖着可以做成杨梅酒，这个妻子是喜欢吃的。这样一想，又得到了一个欢喜。

得到欢喜才是最重要的，一个人即使有金钱千千万，地位很高，但是没有欢喜，没有快乐，整个世界给他，又有何益？

心境一变天地宽。

其实大姐年年叫我们拿杨梅，拿的就是那份浓浓的亲情。

这种俗世间最高的感情，这条永远割不断的纽带，是无法用金钱来计算的。就像我每个星期回家，看望一下父母，即使什么也没做，心里也感到踏实。尽管妈也常说“我们好好的，不用常来看”，但是，见一见，大家都开心，我的心里也踏实。大姐给我们杨梅也是同样的道理。这几个杨梅我们拿走了，她心里就踏实。如果不拿，可能就成了她心里一种挥之不去的遗憾了。

这就是亲情的力量。

2015 年 6 月 23 日

万物皆有欢喜处

2013 年 7 月买的手机，用了一年后，就陆陆续续出现不少问题。接下来的一年，我跑去修理店修理了几次。后来手机又出了新问题，主要是触屏不灵活，解不开锁，还有就是，别人给我打电话，我老是处于通话状态。

去修理店修理，店主看了看说，屏幕坏了，要换一块，100 元钱。我又问，那接不进电话啥原因。店主说这个只有等屏幕换了后再看看。我又问，那如果屏幕换了，里面又没得修了，不是白换了吗。他回答说，这个他没办法的。

想想再修没多大意思，就决定换一部手机。

换啥呢?

我给自己立了几条规定：以实惠为主；存储空间要大；电池续航能力要强；屏幕最好大些。其他的功能少一些没关系，只要能打电话、发短信、上微信就够了。

我不太懂电子产品，虽然一直在用智能手机和电脑，但对于其设计和构造，我是一窍不通，只是会一些简单的操作而已。人对世界的认识其实也是如此，都是一种盲人摸象的状态。不管你学习不学习，都是一种无知的状态，只有大无知和小无知的区别。所以人在任何情况下都是不能骄傲的。

原来想买一千多元的老苹果机，容量也可以，妻子用这款两年多了，现在还在用。但是单位的徐新建说，千万别买这款，因为这款手机已经停止生产几年了，还在卖的，八成都是旧翻新的。新建是电脑专家，他的话我是信的。

按照自己设定的标准，我选准了 vivo 的一款大屏手机，听服务员说这款手机可以待机三天，外观看起来也比较顺眼，价钱也比较实惠，只要八百元，于是我一下子就决定买这一部了。

每一部手机都有自己的定位，都有自己的竞争优势。虽然服务员推销的话不可能全是大实话，但鉴于我实在不懂手机，还是全信为佳，因为服务员比你懂，就算你质疑，也质疑不出个所以然来。

从进店到付款到出来，购买手机的过程不到二十分钟，我就喜欢这样的简单。

这次购买手机，我总结出几点。

第一，现代人不能没有手机，但是不能迷恋手机。

手机是生活的必需品，给我们带来了许多方便，但是也给我们的沟通带来了一系列问题。比如亲戚朋友见面，各自低头发 QQ、发微信。又比如一个人整天埋头在手机世界里，会逐渐脱离社会现实。

第二，我确定了自己买手机的几个原则和标准。

我的标准就是实惠、简单、方便。这也是我生活态度的一个反映，也是我对待世界、对待人生的态度的一个反映。我觉得一些标准可以延伸到其他事物上，因为万物的理都是相通的。

第三，我买到了自己真正心仪的东西。

买了新东西后，别人往往会说东说西，有说好的，也有说不好的。不同的角度，肯定会产生不同的看法。于是别人说好，自己就高兴；别人说不好，自己就难过。心情随着别人的评价发生变化，自己的高兴与快乐其实都控制在别人的手里，这样的人的内心是不够强大的。

万物皆有欢喜处。

我买东西后就对自己说，买了就是买了，而且自己喜欢，管别人怎么说，这样就越想越高兴，整天就开开心心的。人有时候是需要精神胜利法的。其实快乐不快乐没有一个统一的标准，每个人有每个人的需求，只要自己认为合适就是好的。

买新手机是刚需，但是我得到了欢喜，这是更快乐的事。

2015年6月24日

神圣的护国寺

和月净法师是在十几年前的一次政协中秋茶话会上认识的。当时我们坐在同一桌。因为彼此都与佛有缘,我们就熟悉了。

后来不断看到关于月净法师功德会的报道。如汶川地震时,从县政府广场前,看到两辆满载物资的大货车,这些物资是运往汶川的,而这次捐助就是功德会发起的。功德会到西北地区捐衣裤,不仅缓解了那边贫穷者的御寒问题,还帮助我们这里的人解决了旧衣服去处的问题,很环保,是功德无量的事。

当然,除了物布施之外,还有法布施。除了每周日下午由法师自己讲经外,在我的手机中,还经常可以看到来自菩提院的各类讲经说法的消息。曾经有一段时间,我每个星期天都到菩提院聆听法师教诲。

为扩大交流,使更多的人接受佛法的熏陶,使他们向善,月净法师多方筹措,决定建立天台山文化交流中心,不要政府一分钱。选址多次变更,其中一次选在飞鹤山公园边的,我也参加了论证。

此后,我们两人几年没有联系,但缘在,一切都在。

2011 年,月净法师作为台州市人大代表候选人被列入考察。考察人就是我。当时的天台县民宗局局长陈统江第一句话就是:“月净法师是我县比较守戒律的一位出家人。”我认为这句话,是比较客观和中肯的,也是比较高的评价。还有一个同志说:“如果真正按社会贡献、社会影响而言,月净法师肯定选得上。”可见月净法师修行的功德和影响。接下来,在人代会的选举中,月净法师顺利当选为市人大代表。

近几年来，月净法师致力于护国寺的修复工作的同时，也把天台山文化交流中心列入其中。也就在这几年，由于我对佛学的兴趣与日俱增，经常有不懂的东西，发短信去请教，而月净法师总会在适当的时候回电话向我传授和讲解佛学知识。

修复中的护国寺，一直没有前去参观。今年五一期间，几个朋友相约前去护国寺。到了当然要去拜访月净法师，只见那里人很多还排着队。如今，大凡有名气的出家人，每天都是忙个不停。其实我认为，出家人应该是领众修行，而不是整天忙于事务。但是很多时候，出于度化的需要，他们也是没有办法。

那一天中午，我们在护国寺吃斋饭。法师对孩子们讲要尊重他人，不要在公共场合大声喧哗；讲要节约粮食，要吃光碗里的食物；讲尊敬长辈，要替长辈盛饭，而不能由长辈帮小孩盛。

那一天中饭，特别有意义。孩子们也开心，学到很多东西。他们真的安静了下来，帮父母盛饭，并且吃光了碗里的食物。

传统的国学在哪里？不仅仅在书本里，也不仅仅在教室里，更多地在我们的日常生活中。一种文化如果没有落实到生活中，是很难存活下去的。

6月7日下午，我再次前往护国寺，去参加每周日下午两点例行的听经活动。

听了一个小时，我感到思路受到启发。那天讲的是《法华经》开头菩萨名号的意义。我学习《法华经》有一段时间了，只知其大意，对于具体的佛学奥义和基础礼仪，确实所知不多。所以我听得很认真，也感到收获满满。不过我认为那天的讲解能再深入浅出一点就更好了。对于像我这样可以说有兴趣，又有一点基础的人而言，有些东西听起来尚且吃力，更不用说那些没基础的听课者了。这样，教化的效果就大打折扣了。虽然下面很安静，但是玩手机的人占一定比例，这就能说明问题。

可以说，整个护国寺都是安静的。除了讲经声和工地偶尔传来的几句说话声，这里几乎没有喧哗声。不管是路上，在竹林精舍，还是在饭堂，两人相遇都是双手合十，轻声念一声“阿弥陀佛”。

安静是一种境界,是一种智慧。热闹喧嚣有时是一种迷障。拨开纷繁复杂的表象,我们才能看到大象,大象无形;去除扰人清净的杂音,我们才能听到大音,大音希声。宁静致远,在静的环境中,人更容易有所悟,更容易透过现象看到本质。

使一人化之于一院,则成良善之院,一院化之于一地,则成良善之地,而一地化之于一世则会成良善之世。不能做到化之于一世,则尽可能教化更多的地方,结更多的缘,也就是化更多的人。

安静神圣的护国寺,愿你早日修复完成,以度化更多世人。

2015 年 6 月 8 日

清心素斋小记

早就听说太平洋百货旁边开了一家素斋馆，并且听说人气不错。中午，顺着去太平洋百货买东西的便利，我和妻子一起品尝了这家素斋馆的素斋。

门面不大，结构简单，总体装潢还比较大气——这是我对这家素斋馆的第一印象。

走进馆子内部，我发现这里人气确实很旺。一百平方米左右的餐馆里坐满了人，和以前农村做大喜事的场面很相似，热闹非凡。我们付了钱，十六元一位。然后打了菜，找了个角落坐了下来。

我们天台确实是十分需要这样一个吃素斋的地方，理由如下。

第一，这是维护我们天台山“佛宗道源”称号的需要。

我们天台山是佛宗道源，而佛道都讲求吃素斋。除了寺院宫观之外，缺少一个相应的可以吃素斋的地方，这其实是对佛道文化承载的一大缺失。对一个地方文化的了解，最直接、方便的就是了解其饮食和语言，而佛道文化生活化的一个方面就是推广素食。这也是佛道文化能否真正走进大众的一个因素。

第二，这是符合时代健康潮流的需要。

如今，人们对健康越来越关注。所谓病从口入，整日大鱼大肉不利于我们的身体健康，会导致许多“富贵病”，比如“三高”和糖尿病。这个时候，以清淡为主的素食是符合大众需求的。所以在闹市中有一家素斋馆，是符合时代潮流的。

去年，在多城同创期间，路桥交警大队的王统卓因道友从加拿大回来，叫我去吃了顿素食。也是自助餐，十八元一位。那里的餐馆，就食品种类而言，大概只有这里的一半。但花样是那里多，那里除了自助餐，还能点菜，还有佛教用品出售。

两相比较，总体感觉太平洋百货旁边的这家比较实惠，因为“光盘”后，还有两元返回来，算是奖励。但是我的感觉，要想有更大的发展，还需要在以下几个方面下功夫，算是百尺竿头，更进一步吧。

第一，增加文化内容。

一项没有文化做支撑的事业是缺乏生命力的。可以在餐桌旁适当放些宣传素食的小书，也可以定期请法师讲些佛教基础的理论开示。还可以放些佛教音乐，因为佛教音乐可以使人马上静下来，让就餐环境更具禅意。比如可以放些《法华经》中的“妙音菩萨品”“观世音菩萨普门品”两品。这样可以使人在吃饭时受到心灵的洗涤。

第二，饭菜的质量还有可以提高的地方。

总体来说，饭菜是很可口的，但有个方面还需要提高。我们不到11点半就去吃了，结果许多菜已经不热的了。现在是夏天，问题不大，要是在冬天，客人是肯定不希望吃到冷掉的饭菜的。价格是合理的，服务是热情的，菜也应该是热的。

第三，氛围还需要改善。

因为人太多，我们好不容易找了个角落坐下，感到太热闹了。我坐的地方，旁边几位大概是一起的，高声说个不停，议论着谁吃赚了，谁吃亏了。

佛教有“食存五观”的说法，吃饭的叫五观堂，是不能说话的。叽叽喳喳、热热闹闹的吃饭氛围与佛教教义不相符。这就使素斋的意义大打了折扣。

我想如果能分类经营，就可以适应不同群体的需求。可以根据需要提供服务。可以点菜，可以自助餐，可以有法师陪聊。然后收取不同的费用，而不是像现在这样，变成一家快餐店。

要想保持生命力，要想树立素斋的牌子，以上几点应该考虑。

愿我们天台素食馆的名号越来越响亮。这是天台旅游的需要，也是大众生活的需要。

2015 年 6 月 10 日

溪林春天有“三多”

晚上一个人在小区走路。因为较晚，人也较少，车也没有晚上七八点钟那么多，路上挺安静的。

而我选择在这个时候出来走路，就是为了在动中寻找静，做到身动心静。这对我而言，是一种适合自己的锻炼方式。

我们小区既很有特色，又很适合人居住，这是我刚住到这里时的想法。现在我已经住了四年多，但那种人生之美如初见的感觉却消失了。越看越美才是真的美，看来溪林春天是真的美。

美是有原因的。我找到了溪林春天这么美的原因，归纳起来我认为与“三多”有关。这“三多”是小区的美得以存在的先决条件。

其一，地下车位多。

以自己居住的二期和三期为例，这里共有五个地下车库。这里的地下车位，因为多，所以便宜。别的小区车位十多万一个，而这里起初三万一个，后来涨到四万一个，有的人竟然一下就买了四五个。这么多的地下车位，有效地缓解了小区停车难的问题。

小区停车难是个大问题，直接关系人们生活是否方便，甚至关系邻里关系的和谐与否。

天台有几个小区，其他设置各方面都很到位，但是因为没有设置地下车位，所以时间一长，随着入住率的不断提高，停车难的问题越来越严重，根本没有办法解决，严重影响小区居民的生活质量。

其二，小区绿化多。

小区的绿化是决定小区档次和品位的一个重要条件。

就居住楼之间的绿化而言，溪林春天的绿化率只是一般。这里的特别之处是溪岸边原生态的松树林。这么一大片松树林，并且在城区，在小区中间，还是原生态的，这是很难得的。

现代生活中人们都在寻找绿色，人们不断离开城市，走进大自然。从本质上说，人都是喜欢大自然的。人与自然有三种意义上的接触。首先是寻找一种风景，一种美丽。其次是寻找与心灵的交汇点，人本从自然中来，在泥土上，绿荫下，人能静下心来，找到内心的快乐。再者是寻找与自然的精气神相通的另外一个自己，这不是一般的人所能达到的，需要不断修炼。

而走进这片松树林，就好像走进了大自然。

真佩服开发商长远的眼光。如果这一片都开发成别墅，至少可以多赚两千万元。但是小区的档次将大大降低，对客户的吸引力也没这么强，因为美是一种生产力，具有非常强的竞争力。

其三，物业用房多。

小区物业用房很多。这里不仅有游泳馆、羽毛球场，有乒乓球室、健身房、老年人活动室和会议室，还有货物品种齐全的超市。

这么完备的生活设施，让居民不出小区就可以享受到各种服务、各种便利，这大大提高了他们的幸福指数。

人们选择一个小区居住，就是选择一个安放心灵的地方。这个地方生活方便否，环境优美否，邻里和谐否都应该被纳入考虑范畴。

而溪林春天的“三多”保障了居民的幸福生活，加上物业的精心管理，整个小区呈现出其乐融融、生机勃勃的景象。

这也提高了小区的竞争力。

2015 年 6 月 21 日

后　记

“和”是社会发展的基本规律。世间万物各得其“和”以生。世界是个和合的世界。万物助长于一物，一物又关联着万物。只有合作才有力量，只有合作才能成功，懂得合作的人才能成就大业。

人，最难战胜的是自己。人生，不是与他人的战争，而是与自己的战争。聪明人能战胜别人，智慧的人却能战胜自己。英雄能征服天下，却征服不了自己。圣人不想征服天下，却征服了自己。

如果一个人没有内心的和谐，他看到的世界永远是充满抱怨、仇恨和其他消极情绪的。他也不可能形成与人，与社会的真正合作。即使有的也是利益的暂时互换。这样的人，即使取得胜利，也只是暂时的，即使事业有成，内心也得不到真正的安宁。

一个人如果内心和谐，他看到的世界是无处不美的，是处处充满生机的。世界万物皆可美。

内和方可外合，这是自然的规律，也是社会的发展之道。

本书原分为“生活之道”“工作之道”“学习之道”三部分，作为“问道”系列图书之一出版。后来，我认识到道的基本属性是“和”，而一切外在的“和”都是以内心的和谐为基础的。所以内心的和谐实为关键和前提，故精选其中部分内容，分为“读书之乐”“工作之趣”“生活之美”出版，希望有缘者能从中得到启发，生活能有所改变。

本书在撰写与出版过程中，得到台州学院台州山海文化传统及其当代价值研究创新团队的大力支持，得到团队带头人金先龙书记和《台州学院学报》副主编胡正武教授的指导。台州市委办战友王正多同志在体例编排和设计上给予帮助。天台国税局王世军提供照片。天台县志办徐新建在排版设计上给予帮助。责任编辑沈娴在文字上不厌其烦地修改。妻子许咪在生活上给予了我无微不至的照顾。特此感恩。

2016 年 5 月